3DAYS' HOPE
3일의 희망

남택률 지음

쿰란출판사

추천의 글

16세기부터 17세기에 걸쳐 당대 지식세계를 통관한 잉글랜드 철학자 프랜시스 베이컨(Francis Bacon, 1561-1626)의 경험론에 근거한 격언이 있다. 그것은 "아는 것이 힘이다"라는 유명한 말이다. 영어로는 "Knowledge is power"로, 지난 수 세기 동안 지성인들의 사회에 자리 잡고 있는 말이다. 베이컨은 고대로부터 순수한 이성에 의하여 현실이나 사물을 분별하고 판단하는 '사변적 회의주의'가 그리스도교의 진리 터득에 큰 지장을 주고 있을 때, 관찰과 경험을 거듭하여 규명된 진리로 나아가는 방법을 제시하였다. 이것은 바로 경험주의라는 새로운 진리 터득의 문을 활짝 여는 큰 틀을 마련하기에 이르렀다. 곧 그리스도교의 진리를 바로 알고 정립하는 데 거대한 새 역사의 창문을 연 것이다.

오늘날 우리 그리스도인의 신앙과 신학은 농사와 목축으로 생업을 이어가던 사회에서는 전혀 상상할 수 없었던 변형된 길을 많이 걷고 있다. 실제적인 경험보다는 인간 이성의 사고에 의해서만 인식하려는 성향이 가득하다. 그러나 올곧은 신앙은 지성과 경험의 두 바퀴가 균형을 이루어야 올바른 진리의 성에 머무를 수 있다. 그래서 추천자는 서양 철학 가운데 베이컨의 경험주의 철학에 깊은 관심을 기울이면서 실천신학의 소중함을 늘 강조한다.

고관절 수술을 받고 어렵게 회복하고 있는 아내를 위한 미주 여행 중에 나의 추천서를 받고 싶다는 저자의 부탁을 받았다. 달갑지 않은 일이었다. 그러나 사제지간일 뿐만 아니라 목회자성경연구원을 통하여 가까이 지내던 동역자의 요청이기에 선뜻 거절을 못하고 추천서 의뢰를 포기할 만한 이런저런 이유를 적어 보내면서 다음으로 기회를 미루고 싶었다. 그는 내가 추천서 쓰기를 반기지 않는다는 낌새를 챘는지 다음과 같이 문자 메시지를 보내왔다.

"다음 기회를 어떻게 기약합니까…? 한 팔로 50년을 살면서 아픔을 경쾌하게 승화시키며 어느 때고 웃음을 잃고 살아선 안 됨이 곧 믿음이라 생각하며 살았습니다. 평소 에너지는 많지만 장애의 몸이 정상적인 삶을 사는 데는 한계가 있었습니다… 저의 마음 한편에 총장님이 계신 것은 호통과 날선 나무람 속에 제자를 누구보다 아끼고 사랑하는 마음과 숨겨진 따뜻한 정을 읽었기 때문입니다. 그래서… 칭얼대고 어리광 부리기 좋은 분이란 생각을 했습니다." 그리고 다음의 말을 덧붙였다. "제 인생 남은 시간 동안이라도 총장님의 깊은 혜안과 삶의 내공에 수혜를 입고 사는 한 제자가 되고 싶습니다."

예사롭지 않은 간청을 받게 되자 착잡한 마음이었다. 수많은 제자들이 책을 펴내면서 간청한 추천사를 보내주지 못한 탓에, 또 하나의 아픈 마음으로 미안을 표현하려 했던 나의 마음이 무엇에 붙잡힌 듯 흔들리고 있었다. 한 팔로 살아 온 50년 동안 아픔을 미소로 승화시키면서 40년의 목회를 성공적으로 이어온 그의 얼굴이 떠올랐다. 마지못한 심정으로 대충 살펴보고 몇 자 적어 보내려고 파일을 열었다. 나도 모르게 그의 글 속에 푹 빠져 헤어 나오지를 못하고 내가 예상했던 시간보다 훨씬 많은 시간을 모두 소진하였다.

그의 자전적 인생 기록이나 목회 현장 이야기에 내가 매료된 것이 아니라 다음 몇 가지의 좀처럼 보기 드문 경험과 의지와 인내와 도전이 나의 눈을 크게 뜨게 했다.

먼저는, 20대 초반에 오토바이를 타고 스피드를 즐기다 큰 사고를 당하고 한쪽 팔을 잃은 심각한 장애인이었는데 나는 그를 장애인이라 생각해본 적이 없다. 워낙 그의 언어와 행동반경과 지혜와 미소가 생동감이 넘쳤기에 건전하고 성실한 제자로만 여겼다. 그런데 그는 숨 막히는 숱한 고통을 '주님과 더불어 고난과 죽음 그리고 부활'을 경험하면서, '3일의 희망'이라는 새로운 메시지를 내게 던져 주었다.

둘째는, 그는 자신이 신앙 안에서 생성된 '삶의 긍정과 인내' 때문에 죽음의 문턱에서 세상에 나올 수 있었다고 고백한다. 그러면서 "하나님은 불구가 된 내 왼쪽 팔을 대신하여 나의 오른팔이 되어 주셨기에 잃어버린 자신의 왼팔이 '복의 통로'"가 되었다는 참으로 이색적인 경험적 신앙을 고백한다. 이 지점에서 이 추천자는 온전한 지체를 가지고 살면서 느껴 보지 못했던 행복론을 감명 깊게 읽게 되었다.

셋째는, 한국교회 설교 교육에 큰 책임을 느낀 교수로서 모처럼 듣게 되는 한 제자의 설교관이다. 그가 50년 동안 설교를 듣고 살아온 어느 장로와의 대화를 통하여 "설교를 하는 사람보다 설교를 듣는 사람이 힘들다"는 것을 알게 되었다면서, "설교자의 꼼수는 절대 통하지 않는다…멋지고 화려한 설교나 간증, 기적과 체험도 중요하다. 그러나 말씀대로 사는 삶의 열매가 보이지 않으면 희망은 없다"고 하는 그의 외침은 나에게 안겨준 큰 선물이었다.

넷째는, 본서를 펴내는 목적과 동기가 자신을 알리고자 하는 데 있지 않고, 예상치 못한 삶의 풍랑 속에 시달리고 절망하는 사람들에게 위로와 희망을 주고픈 일념뿐이라는 사실에 고마운 마음이었다. 그가 경험하면서 하나님의 크신 뜻을 헤아리고 살아온 삶의 여정 길의 이야기는 독자들에게 위로와 희망을 안겨 줄 수 있는 가치가 충분함을 알게 되었다.

이상과 같은 감명을 안겨준 《3일의 희망》을 읽고 난 후 이제는 저자의 요청보다 내 스스로 느낀 바가 있어 이 책을 독자들에게 주저함 없이 추천하게 되었다. 거기에 더하여 40년의 목회 생활이 감사와 인내의 향기로 가득한 결실을 맺기를 바라는 마음이다.

철학이 신학의 지배 아래 있던 시기에 베이컨의 경험론이 하나님의 영광을 밝히는 데 소중한 지름길이었다는 사실을 늘 마음에 두고 있는 이 추천자는, 이 작은 책자가 하나님의 영광을 드러내는 데 하나의 도구로 쓰임받기를 기도한다. 그리고 이 도구를 살펴본 독자들에게도 큰 위로와 희망의 서광이 길이 빛나기를 기도한다.

주후 2023년 12월
정장복 목사
(장로회신학대학교 명예교수, 한일장신대학교 명예총장)

추천의 글

　존경하는 남택률 목사님이 저술하신 책 《3일의 희망》 추천의 글을 쓰게 되어 무척이나 영광되고 기쁘게 생각합니다.

　《3일의 희망》에서 남 목사님은 살아온 지난날을 통해 보고, 느끼고, 경험한 이야기들을 진정성을 담아 전하고 있습니다. 이 진솔한 이야기들은 누구나 쉽게 읽을 수 있도록 간결하고 흥미로운 문체로 쓰였으며, 또한 일상적인 생각을 뛰어넘는 해학이 담겼습니다. 읽는 이로 하여금 일단 손에 책을 잡으면 놓을 수 없게 합니다. 그러면서도 우리에게 지난 삶을 되돌아보게 하는 큰 울림과 감동을 주고 있습니다. 이 책을 읽으면서 '남 목사님은 타고난 문필가구나'라는 생각이 들었습니다.

　책 속에서 특히 21세라는 젊은 나이에 교통사고로 한 팔을 못 쓰게 되고 5년 동안 칠흑 같은 어둠의 시간을 보냈지만, 주님을 만나 그 아픔과 고통을 인내로 견디고 극복하여 새롭게 태어난 목사님의 이야기가 너무나 감동스러웠습니다. 목사님은 그의 삶을 회고하며 지난날 그 인내의 3일이 없었다면, 오늘의 그는 존재하지 않았을 것이라고 말합니다. 여기서 그가 말하는 3일은 우리 주님이 죽음을 이겨내신 부활의 시간이요, 우리가 어둠과 고난의 시간을 지나 끝내 승리하여 새롭게 태어나는 희망의 시간을 말합니다.

한 시인은 국화꽃의 향기가 그윽함은 찬 서릿발을 지나서 피기 때문이라 하였습니다. 남 목사님은 주위의 모든 선후배들에게 사랑받고 존경받는 참 좋은 사람입니다. 지난날 고난의 순간을 지나 차별화된 인성과 품성으로 피어난 남 목사님의 삶의 향기는 인향만리(人香萬里)처럼 앞으로도 더욱 그윽하고 아름답게 퍼져 나가리라 믿습니다.

저는 남택률 목사님의 부탁을 받아 추천의 글을 쓰기 위해 《3일의 희망》을 열독하면서 기쁘고, 행복하고, 감사했습니다. 《3일의 희망》이 책을 읽는 모든 독자들에게 삶의 지침서가 되어 줄 것이라 생각합니다. 특히 어렵고 힘든 고난의 시간을 보내는 이들에게 용기와 위로가 그리고 희망이 되어 줄 것입니다. "삶이 있는 한 희망은 있다"라는 키케로의 말처럼 모든 이들이 희망으로 살아가기를 소망해 봅니다.

주후 2023년 12월
황승룡 목사
(호남신학대학교 명예총장)

저자의 글

3일의 희망

나의 좌우명은 '3일의 희망'이다.

내 인생에서 3일은 특별한 의미를 지닌다. 인생 고비 고비에 3일의 시간은 '새로운 나'로 태어나게 했다. 그래서 나는 "3일만 참자, 3일만 견디자"라는 말을 자주 한다. 그런데 성서기호학을 보니, '3'은 하나님의 수(數)다. 곧 3은 하늘의 수며 성부, 성자, 성령 하나님을 가리키는 수다. 3은 하나님의 완전성을 상징한다.

하나님은 자신의 완전성을 상징하는 3을 통해서 나를 나 되게 하셨다. 그러므로 나에게 3일은 하나님의 거룩한 수를 내 몸에 새기는 시간이다. 하나님 말씀의 거울 앞에서 나를 죽이고 새로운 나를 잉태하는 시간이다. 내 인생에 3일이 주는 기호학적 의미는 무엇인가? 3일은 하루가 세 번이 지난 시간이다.

첫째 날은 살아 있는 나와 마주하는 시간이다. 내 감정이 살아 있어 분노하거나 절망하는 날것의 나를 마주하는 시간이다. 둘째 날이 되면 날것 그대로의 감정들이 조금씩 죽기 시작한다. 모든 것을 포기하고 싶고, 차라리 눈이 떠지지 않았으면 하는 생각이 들기도 한다. 죽음의 날로 들어가는 시간이다. 그러나 3일째 되는 날, 하나님은 나도 모르게 힘을 주신다. 하나님이 자연스럽게 문제들을 해결해 주신 적이 한두 번이 아니다. 그래서 나는 3일만 견디면 된다는 믿음이 좌우명이 되었다. 그다음은 하나님이 하신다.

그러므로 나에게 3일은 희망이다. 나는 힘든 일이 있을 때마다, 침대 맞은편 벽에 걸려 있는 "3일만 참자"라는 액자를 바라보며 3일의 희망을 되새김질한다. 그래서 하나님이 일하시도록 '3일만 참자'라고 기도한다.

내 인생의 3일은 그리스도의 십자가 사건이며, 주님과 더불어 고난과 죽음 그리고 부활을 경험하는 시간이다. 내 인생에 3일이 이렇게 중요하게 다가온 것은 젊은 날에 겪은 큰 사고 때문이다.

나는 20대 초반에 오토바이를 타고 스피드를 즐기다 큰 사고를 당했다. 그 후 한쪽 팔을 잃고 장애인이 되었다. 하지만 대부분의 사람들은 나를 장애인으로 보지 않는다. 나는 외상(外傷)과 내상(內傷)의 고통을 보듬고 긴 시간을 달려왔다. 상흔의 아픔은 언제나 오롯이 내 몫이었다. 그리고 그 아픔은 주님과의 만남 속에서 더 격조 있는 삶으로 승화되었다.

사고 이후의 삶은 언제나 치열한 전쟁이었다. 어떤 시구처럼 "이제는 돌아와 거울 앞에 선 내 누님 같은 꽃"이 된 나를 발견한다. 내 인생의 그 같은 상처와 고통에는 반드시 '3일'이 있었다. '3일만 참자', '3일만 견디자'라는 외침에 하나님은 성숙한 나를 만들어 가셨다. 그러므로 3일은 고통이 아니라 새 희망을 품게 하는 시간이었다.

나는 이 3일의 희망을 여러분과 나누고 싶다. 우리가 3일만 잘 견디어 낼 때, 3일은 더 큰 비전과 미래, 그동안 경험하지 못한 또 다른 희망을 가져다준다. 내 경험상으론 3일을 참으면 30일도 되고, 3년도 되고, 30년도 될 수 있다. 그러므로 우리가 "3일만 참자"라는 말로 함께 노래했으면 한다. 나의 3일은 밝고 경쾌해서 별로 무겁지 않다. 3일의 희망을 노래하는 현장으로 여러분을 초대한다. 부디 이 초대에 응하여 함께 3일의 희망을 찾아 나가기를 바란다.

2023년 겨울
분적산 기슭에서
남택률

목차

추천의 글 _ 정장복 목사(장로회신학대학교 명예교수, 한일장신대학교 명예총장) • 2
　　　　　황승룡 목사(호남신학대학교 명예총장) • 7
저자의 글 _ 3일의 희망 • 9

첫 번째 에피소드: 왜 3일의 희망인가?
왜 3일인가? • 18
내 고향으로 날 보내주 • 20
그리고 3일의 희망, 나는 끈질기게 살아 있다 • 22
십자가 없는 고난은 없다(No Cross, No Crown) • 25
해마다 여름이 되면 • 28
고향에 가고 싶다 • 30
내가 자랑하고 싶은 것 • 33
세 나무 이야기 • 36

두 번째 에피소드: 나의 사랑, 나의 가족
남 주고, 남 주자 • 40
나의 영웅, 내 사랑하는 아버지 • 42
내가 이래 봬도 면장 아들이다 • 44
총 맞은 것처럼 • 46
병든 어머니도 내 어머니다 • 48

가슴 아픈 것들은 다 소리를 낸다 ● 50
어머니의 어록 ● 52
사랑이 보이는 좋은 부부 ● 55
산타모니카의 낸시 ● 58

세 번째 에피소드: 나의 목회와 삶

고봉 파와 깨끼 파 ● 62
목사님은 설교를 몇 년이나 하셨습니까? ● 64
목사님, 무단횡단하지 마세요 ● 66
목사님, 하나님께 물어보세요 ● 68
빛고을 정신은 곧 복음의 정신이다 ● 70
우리 동네 목사님(함께 꿈꾸는 동네) ● 73
주님 앞에 들켜버린 내 마음 ● 76
작은 교회가 아름답다(?) ● 78
삶의 오솔길을 걸으며 ● 80
나는 오월이 좋다 ● 83
연분홍 치마가 봄바람에 ● 85
책과 음악으로 더위는 가라 ● 88
손 빼고 말하시오 ● 91
용납하며 살기 ● 95
삶이 그대를 속일지라도 ● 98
좋은 쪽으로 생각하기 ● 102
내려갈 때 보았네, 올라갈 때 못 본 그 꽃 ● 105
구두 찾기 4행시 ● 107

네 번째 에피소드: 더불어 사는 이웃

천만금을 주고 산 이웃 • 112
티핑 포인트(tipping point) • 115
진짜 행복하십니까? • 117
1%의 행복 – 항·쉬·범 • 120
봄꽃은 부활이다 • 123
밝은 것이 좋습니다 • 126
희망을 만드는 사람들 • 130
닭을 죽이지 말라 • 133
모두 다 잘 계시지요? • 136

다섯 번째 에피소드: 성경 속의 3일

아브라함 인생의 3일 • 142
모세 인생의 3일: 약속의 땅을 향한 사흘길 • 147
요나 인생의 3일: 스올의 뱃속에서 • 155
바울 인생의 3일: 다메섹에서 만난 주님 • 163

여섯 번째 에피소드: 인생 읽기

가수 인순이의 삶과 노래 • 170
'로마'가 '동양' 때문에 망했다(?) • 172
빛고을 광주 정신 • 174
평화 음악회를 열면서 • 178
'험담'이라는 화살 • 180
선한 사마리아인의 법 • 182
네 번이나 본 영화 〈클리프행어〉 • 184

산다는 것은 황홀한 것이다 • 186
영화 〈기생충〉 • 188

일곱 번째 에피소드: 팬데믹 코로나19와 함께
교회가 세상을 버리면 하나님은 교회를 버리신다 • 192
시체를 치우는 사람들 • 194
아픔 없이 피는 꽃은 없습니다 • 196
꼭 살아서 돌아오십시오 • 199
흑사병이 대답했다 • 203
공기 뽀뽀 • 205
선택지가 많으면 흔들린다 • 208

여덟 번째 에피소드: 팬데믹 목회 서신
가을이다, 부디 아프지 마라 • 212
당신 앞에 벌 받던 여름은 가고 • 213
드라이브 스루 • 214
사람의 온기가 그리운 시절 • 215
하늘에서 온 기적 • 216
때 저물어서 날이 어두니 • 217
부활의 소망을 기다리며 • 218
가슴에 하늘을 품은 사람 • 219

에필로그_ 나의 연약한 팔을 대신하신 하나님 • 220

첫 번째 에피소드

왜 3일의 희망인가?

📝 왜 3일인가?

나의 좌우명은 "3일의 희망"이다. 예수님의 십자가는 3일 뒤 부활로 이어졌다. 그래서 나는 언제나 3일을 참는다. 3일을 참으면 내 경험상 해결되지 않는 일이 거의 없다. 문제들이 돌아다니다 자기들끼리 해결되어 오기도 한다. 나는 모든 이들에게 희망을 주는 목회를 하고 싶다. 이것이 나의 소망이다. 한 사람 한 영혼이라도 절대 포기하지 않고 끝까지 추적하여 어둠에서 건져내고 싶다. 보답의 인생을 감사와 함께 생각하면 벌써 전쟁을 앞둔 병사의 얼굴처럼 붉게 상기된다. 기대하며 기다린다. 건강한 성년이 해야 할 일들을 기대하며 오늘도 감사와 찬양으로 주님께 영광을 돌린다.

어떤 마을에 꽃을 파는 할머니가 있었다. 생활이 어렵고 일을 많이 하여 손마디가 굵고 늙었지만 얼굴만큼은 늘 웃음꽃으로 활짝 피었다. 그래서 사람들은 할머니를 '행복한 할머니'라고 불렀다.

어느 날 동네 사람이 할머니에게 물어보았다.

"할머니, 무슨 좋은 일이 있기에 늘 그렇게 싱글벙글하세요?"

할머니는 이렇게 답하셨다.

"이 나이에 어찌 늘 좋은 일만 있겠어요? 행복을 지키는 한 가지 비결이 있지요. 힘들고 어려울 때에는 십자가에서 죽으셨다가 사흘 만에 부활하신 예수님을 믿고 속삭인답니다. '사흘만 기다리자! 믿음으로 3일만 참고 견디자!' 그러면 내 마음이 평안해지고, 인내할 수 있고, 기쁨이 충만해진답니다!"

3일만 참아서 된다면, 참지 못할 것이 세상 어디에도 없다. 예수님은 사흘 참으심의 의미를 아셨다. 사흘 후에는 부활하실 것을 아셨기에 고통의 십자가 앞에서도 묵묵히 견디셨다. 우리도 앞에 있을 영광과 상급을 바라보면서 사흘만 참자. 고난 너머에 있을 새 생명을 알고 기대하며 희망찬 삶을 사는 우리가 되기를 바란다.

인내는 중요한 성경적 덕목이다. 예수님은 이 덕목을 가지고 이 땅에 오셨다. 베드로후서 3장 9절에서 "주께서는 너희를 대하여 오래 참으사 아무도 멸망하지 아니하고 다 회개하기에 이르기를 원하시느니라"고 말씀하셨다. 예수님께서 오래 참으심은 우리의 구원을 이루시기 위함이다. 예수님이 십자가에서 모진 고통을 참으시고 이루신 우리의 구원에 감사하며 날마다 십자가의 은혜를 묵상하며 사는 그리스도인이 되기를 간절히 바란다.

📝 내 고향으로 날 보내주

어렸을 적 나의 집은 보성 웅치에서 흐르는 보성강 상류를 끼고 넓은 평야가 펼쳐진 곳에 자리하고 있었다. 지도상으론 장흥에 속한 탑골이란 곳이다. 병풍처럼 둘러진 솥뚜봉이란 뒷산을 이십여 분 오르면, 신라 말에서 고려 초기에 건립된 것으로 보이는 '고산사'라는 작은 절이 있다. 미신을 신봉하던 할머니는 나를 그 절에 팔았다고 했다.

내가 살았던 마을은 의령 남씨의 자작일촌(自作一村)으로 80여 호가 함께 살면서 과실을 엄격히 다스리고 선업을 권장하여 모범마을로 알려진 곳이다. 6·25를 전후해서 마을에 불미스런 일이 한 건도 없었다고 한다. '탑골'이라고도 하고 '탑동'이라고도 불리는 마을, 까만 기와집에 삼대가 함께 북적거리며 살았다. 아름답고 기름진 땅, 3대가 한집에 살아도 질서와 예절이 있고, 가난했어도 정 많고 나눔이 풍성했던 가족과 옛 고향이 그립다.

돌로 쌓아놓은 보림보 밑에 손 넣어 메기며 가물치를 잡아 올리던 손맛을 지금도 잊을 수가 없다. 나뭇가지를 엮어 물에 띄우면 어느새 뗏목 만들어 바다로 나간 로빈슨 크루소가 된다. 꼴망태 메고 고산사에 오르면 넓게 펼쳐진 평야, 그리고 산들바람으로 땀을 식히며 학교에서 배운 흑인 영가 '내 고향으로 날 보내주'를 구성지게 불렀다. 호롱불 아래 밤새워 읽었던 '헤르만 헤세'의 『데미안』은 한 소년의 성년기 이야기를 통해 자아발견과 영성에 대한 탐구의 힘을 갖게 했다. 지금도 멋진 문장 하나를 기억한다. "새는 알을 깨고 나온다. 알은 새의 세계다. 태어나려는 자는 한 세계를 파괴해야만 한다."

우리는 두꺼운 자의식의 껍질을 깨고 나와야 하며 그래야 우물 안의 생각을 버리고 미래 지향적인 세상을 볼 수 있다고 생각했다.

경찰 공무원인 아버지를 따라 탑골에 들어오던 때가 내 나이 일곱 살이었다. 청렴한 아버지는 당시 3.15 부정선거를 돕지 않았다고 좌천을 당하자 이기붕의 개 노릇을 하느니 차라리 정직한 땅을 가꾸며 살겠다고 깡촌으로 들어가셨다. 지서장을 하시면서 박봉에도 청빈하게 살려고 애쓰신 아버지를 생각하며 나를 자존감이 강한 아이로 키워주신 은혜를 지금도 잊을 수가 없다.

나는 4남매 중 장남이다. 원래는 6남매인데 두 명의 동생이 홍역에 걸려 어렸을 적에 죽었다. 아이 둘을 떠나보낸 아버지는 면 소재지에 있는 작은 교회당을 스스로 찾으셨다. 그러던 어느 날 나를 부르시더니 함께 교회를 나가자고 권하셨다. 그리고 말씀하시기를 처음 교회에 갈 때는 마음의 위로를 받고 수양이나 하고 싶어서 갔는데 엄청난 세계를 보고 알게 되었다고 흥분을 감추지 못하셨다. 예수님을 통한 구원에 관한 얘기로 시작해서 인생이 어디서 왔고 왜 살아가야 하며 어디로 가야 하는지 그 길을 분명히 알게 되었다고 말씀하셨다. 그날부터 어머니뿐만 아니라 우리 가족 모두는 하나님을 믿게 되었고 교회와 예배는 나의 전부가 되었다. 그때가 초등학교 4학년쯤 되던 해였던 것 같다.

📝 그리고 3일의 희망, 나는 지금 끈질기게 살아 있다

세월이 빠르다는 생각은 어제 오늘 일이 아니다. 그러나 나의 나이 들어감은 무조건 감사다. 나는 21살 때 재수하여 대학을 준비하던 중 교통사고로 한쪽 팔을 잃었다. 그리고 주님의 빛을 보기 전까지 5년 동안 칠흑 같은 어둠의 시간을 보내야 했다. 사실 그때 생각으로는 얼마 못 살 것 같았다. 그래서 예수님 나이인 33세까지만이라도 살게 해 달라고 기도했다. 그런데 50년 가까이 덤으로 더 살았다. 새해가 올 때마다 나에겐 차별화된 감사가 있다. 더 살게 된 감사다.

나는 언젠가 교단지 《목양의 길》에 "나는 지금 끈질기게 살아 있다"는 글을 쓴 적이 있다. 그때 나의 글을 읽고 이웃교회 강병원 장로님이 "끈질긴 나의 삶"이란 글 한 편을 시의 형식으로 써서 메일로 보내왔다. 나의 한쪽 손 장애를 바라본 그분의 시선이다. 장로님은 얼마 전 지병으로 주님의 부르심을 받으셨다.

끈질긴 나의 삶

청년 시절 오토바이 사고는
한쪽 팔 장애를 안겨주고
사십 년을 아프게 살았는데
몇 년 전 설상가상으로
교통사고로 허리까지 다쳤다

한두 달 깁스를 하고도
세상 고통 다 짊어진 듯
괴로워하는 사람들이
긴 세월 주머니에 손 넣고
예의 없는 목사라 비난받는
찢어지는 아픔 알기나 할까

침대에 누워 있어도 건강한 환자는
병을 고칠 자신만만한 확신에
죽음의 두려움 기도로 이겨내고
염려라는 독약, 감사로 날려보낼 때
가을 하늘처럼 치유는 찾아온다네

한평생 성도 섬기는 목회자
목사는 아프면 은혜 안 된다고
힘겹게 통증을 삼키며 속울음
우리는 끈질기게 살아야 한다
사명이 끝나기 전엔 죽지 않는다는
리빙스턴의 말이 성경처럼 각인되어
나는 지금 끈질기게 살아 있다

몇 해 전에도 죽을 뻔한 일로 고생한 일이 생생하다. 역시 살아 있음은 은혜다. 얼마나 더 살게 하실까? 오늘 아침에도 기도로 주님의 생각을 살핀다. 그리고 새 아침을 황홀한 마음으로 맞는다. 오늘은 어떤 일들이 나를 통해 이뤄질지 기대하며 양처럼 목자의 도움을 또 한 번 구한다. 목자 되신 주님을 생각하면 항상 감사하지 않을 수 없다.

"여호와께서 이틀 후에 우리를 살리시며 셋째 날에 우리를 일으키시리니 우리가 그의 앞에서 살리라"(호 6:1-2).

📝 십자가 없는 고난은 없다 (No Cross, No Crown)

'No Cross, No Crown'은 직역하면 '십자가 없이는 왕관이 없다', '고난이 없는 영광은 없다'는 뜻으로 신약성경의 예수님의 가르침에서 유래되었다. 마태복음(Matthew) 16장에서 예수님은 제자들에게 다음과 같이 말씀하셨다. '누구든지 나를 따라오려고 하는 자는 반드시 자기를 부인하고 자기의 십자가를 지고 나를 따라야 한다'(마 16:24). 이 말씀의 요지는 자신의 제자가 되기 위해서는 편하고 안락한 삶을 사는 것이 아닌 고난과 시련을 자발적으로 감당하는 삶을 살아야 한다는 것이다. 이 표현은 성경에서 유래되었지만, 비단 기독교적인 의미로만 쓰이는 것은 아니다. 지금은 어떤 일을 하건 좋은 결과를 얻기 위해서는 반드시 큰 노력과 고난이 있어야 한다는 것을 뜻하는 일반적인 의미로도 쓰이고 있다. 이와 유사한 뜻을 가진 또 하나의 속담으로는 'No pain, No gain'이란 말이 있다. '고통이 없이는 얻는 것도 없다', '대가를 지불하지 않으면 열매도 없다'라는 뜻이다.

A: "있잖아. 손흥민 선수가 프리미어 리그에서 100호 골을 터트렸어!"
B: "와! 손흥민 선수는 틀림없이 이번 리그를 위해서 많이 연습했을 거야. 고난이 있어야 영광이 있는 거야. 그것은 불변의 진리야."

가시에 찔리지 않고는 장미를 모을 수 없다는 말도 있다. 무언가 의미 있는 꿈을 꾸며 사는 사람이라면 귀한 재물이나 시간을 자기 꽃을 피우는 일에만 쓰지 않고 열매 맺는 일에 지불하고 투자할 것이다.

나는 나이 듦이 좋다. 열매 맺는 인생을 기대하기 때문이다. 열매를 위해서 꼭 선행되어야 할 것이 있다. 그것은 곧 인내이다.

인내는 중요한 인간의 덕목이다. 참을 '인'(忍) 자는 칼 '도'(刀) 자 아래에 마음 '심'(心) 자를 쓴다. 가슴 위에 칼을 두는 것이 참는 것이다. 옛말에 "참을 인 자 셋이면 살인도 면한다"는 말이 있다. 많은 비극이 인내하지 못하여 발생하는 것을 보면 인내가 얼마나 중요한 삶의 덕목인가를 알 수 있다. 흔히 우리 사회에서 '우발적', '충동적'이란 말을 듣게 되는데 이 모두가 다 인내하지 못한 데에서 나온 말이다.

인내는 참고 견디어 내는 것을 말하며 동시에 기다림을 의미한다. 이탈리아인들은 참을성 없는 사람을 '환자'(patientia)라고 부른다고 한다. '인내'와 '환자'는 같은 어원을 가진 단어이다. 인내(patience)라는 말은 '고통당하다'라는 뜻인 'patior'라는 고어에서 나왔다고 한다. 참는 것은 그 자체가 고통이고, 그러므로 참지 못하는 자는 환자인 셈이다.

흔히 고린도전서 13장을 '사랑장'이라고 한다. 4절에는 "사랑은 오래 참고"라고 하고, 7절에는 "모든 것을 참으며…모든 것을 견디느니라"고 한다. 사랑의 중요한 덕목은 참는 것이다. 참지 못하면 사랑이 아니다. 사랑이 오래 참아야 한다는 것은 사랑이 시간적으로 무한하다는 말이다. 사랑은 모든 것을 참는 것이라는 말은 사랑이 내용적으로도 무한하다는 것이다. 만일 사랑이 유한하다면 그것은 참사랑이 아니다.

하나님의 사랑은 '무한한 사랑'이다. 성경은 하나님께서는 '무한한 사랑으로 사랑하신다'고 말한다. 하나님의 사랑이 무한한 사랑이기에 무한한 인내를 필요로 하신다. 그래서 성경은 "하나님은 길이 참으사"라고 한 것이다.

십자가의 기쁨이란 십자가 너머에 있는 기쁨을 말한다. 십자가가 예수님의 삶의 끝이 아니다. 십자가 너머에 기쁨이 있고, 십자가가 끝이 아니라는 것을 알면 고통스런 십자가일지라도 기꺼이 참을 수 있다. 해산하는 어머니는 해산이 끝이 아님을 안다. 해산 후에 있을 자녀를 얻는 기쁨이 있다. 그래서 해산의 고통을 참을 수 있다. 공부하는 학생은 공부가 끝이 아님을 안다. 공부 후에 있을 성공과 성취의 기쁨이 있다. 그래서 공부의 어려움을 참을 수 있다.

인생이 허무하다고 생각해선 절대 안 된다. 지금까지 나의 수고와 애씀으로 오늘 나의 가족들이 있고 다양한 형태의 땀의 결과물이 있다. 지금도 힘든 일이 있다면 잘 참아낼 일이다. 대가를 지불한 만큼 반드시 열매로 나타날 것이기 때문이다.

📝 해마다 여름이 되면

유명한 뉴스 캐스터였던 데이비드 브린클리는 "신은 가끔 우리 앞에 빵 대신에 벽돌을 던져 놓기도 하는데 어떤 이는 원망해서 그 벽돌을 걷어차다가 발가락이 부러지기도 하고 또 어떤 이는 그 벽돌을 주춧돌로 삼아 집을 짓기 시작한다"는 명언을 남겼다. 고난이라는 벽돌은 다루는 사람의 태도에 따라 행복의 기초가 될 수도 있고 불행의 원인이 될 수도 있다.

어려운 환경 가운데서 희망을 가지고 살기란 쉽지 않다. 스스로 희망을 갖기가 어렵다면, 희망을 얘기하는 사람들을 만나보는 방법이 있다. 그렇게 생활하다 보면, 어느새 희망 속에 살고 있는 자신을 발견할 수 있을 것이다. 해마다 여름이 되면 나는 내 인생의 가장 뜨거웠던 계절을 생각한다. 스물하나 되던 해에 밥맛을 잃고 잠 못 이루던 날들이 있었다. 그것은 "왜 살아야 하는가?" 하는 철학적인 문제가 삶의 현실로 다가왔기 때문이다. 더 살아야 하는 이유를 몰랐기에 밥을 먹을 수가 없었고, 과연 죽음 이후에는 무엇이 있는지, 그 이후에 아무것도 없다면 차라리 수단과 방법을 가리지 않고 순간마다 내 맘이 원하는 대로 즐기며 사는 것이 가장 멋진 인생이 아닐까 생각도 했다. 영혼의 깊은 곳에서 꼬리를 물고 생겨나는 많은 삶의 의문들을 떨칠 수가 없었고, 그 해답을 얻기까지 뜨거운 불 속을 걷는 듯한 힘겨운 날들을 보냈다.

그렇게 하루하루가 천년만년처럼 느껴지던 어느 날 내가 가지고 있던 삶의 모든 의문에 대한 해답이 성경 속에 있음을 알게 되었다.

한여름에 시원한 냉수를 마시듯 모든 갈증이 날아갔다. 내 인생의 주인은 내가 아니라 예수님이며, 훗날 그분 앞에서 인생을 회계(會計)할 날이 있고, 더욱이 나를 향하신 예수님의 기대와 계획이 너무도 선하고 아름다운 것이기 때문에 함부로 살아서는 안 된다는 걸 깨달았다. 그때부터 예수님은 내가 사는 이유가 되었다.

 예수님은 나의 인생을 향해서 선하신 계획을 가지고 오늘도 기다리고 계심을 믿는다. 내가 주 안에서 구원을 얻고 그 안에서 풍성한 복을 누리기를 원하시는 것이다. 예수님은 오늘도 나를 지극히 사랑하고 계신다. 무더운 여름에 몸과 마음이 지쳐 있을 때 주님의 위로와 희망의 두 날개로 힘 있게 비상하길 두 손 모아 기도한다.

📝 고향에 가고 싶다

넓은 벌 동쪽 끝으로
옛 이야기 지줄대는 실개천이 휘돌아 나가고
얼룩배기 황소가
해설피 금빛 게으른 울음을 우는 곳
그 곳이 차마 꿈엔들 잊힐리야

들녘에 가을바람이 일고 코스모스 하늘거리는 이맘때면 이 시인의 마음처럼 우리들은 어느새 고향, 그 어느 추억의 언저리, 그리운 얼굴들이 기억난다. 고향은 그곳에 두고온 어머니의 얼굴만큼이나 아련한 그리움이기에 바쁘고 고단한 일상 가운데서도 고향을 향한 그리움은 우리들의 삶의 여울을 누빈다.

며칠 후면 추석이다. 우리는 가슴 깊은 향수의 본능과 설렘으로 긴 시간을 달려 고향에 다다를 것이다. 그리운 얼굴들을 만나 마음에 품은 정을 나누고 묵은 얘기들로 밤을 지새울 것이다.

정진홍의《마당에는 때로 은빛 꽃이 핀다》중에 이런 글이 있다.

"고향에 가고 싶다. 큰댁 뒷동산에 있던 용틀임하던 소나무는 죽은 지 오래다. 내가 자라던 집은 흔적조차 없다. 동구 밖 느티나무 아래에서 스무 걸음 떨어진 개울에는 물도 말라버렸다. 거기서

빨래하던 아낙들은 어쩌면 이제는 모두 이 세상 사람들이 아니게 되었을 듯하다. 그런데 가고 싶다. 그래, 고향에 가면, 고향으로 돌아가면, 나는 비로소 나를 사랑하리라. 나는 나를 토닥거리고 싶다. 따뜻하게 안아주고 싶다. 피곤한 마음도 상처 난 몸도 쉬게 하고 아프지 않게 하리라."

고향은 우리의 영원한 안식처이다. 뒷동산 소나무도 죽었고 느티나무 아래 개울물도 말랐지만 고향은 아직도 우리 마음에 그대로 남아 있다. 풍성한 그늘로 안아주던 동구 밖 느티나무는 우리 마음의 고향 속에 그대로 살아 있다. 상처 난 마음도, 지친 몸도 쉬게 해주던 내 고향의 따뜻한 품이 그립다.

귀소본능이란 말이 있다. 비둘기의 귀소본능은 특별해 옛날부터 군대에서 전령으로 활용하였다. 한번은 영국의 부호가 카나리아를 한 마리 사서 발목에 금가락지도 끼워주고 머리에 꽃관도 씌워 주면서 18년 동안 애지중지 키웠다고 한다.

어느 날 집에 불이 나서 새장의 끈이 끊어지는 바람에 새장 문이 열려 카나리아가 날아가 버렸다. 부호는 매우 슬퍼하면서 카나리아를 찾기 위해 사람을 풀고 사방에 수소문하였다. 그 후 2개월이 지나서 카나리아를 아프리카 키네아 지방에서 발견하여 다시 집으로 데려왔다. 카나리아는 고향을 찾아 4800km를 날아간 것이다.

무려 18년이란 긴 세월이 흘렀는데도 어떻게 고향을 찾아갔을까? 그것은 풀 수 없는 미스터리이다. 부호는 고향을 그리워하는 카나리아를 완전히 해방시켜 고향으로 날려 보냈다고 한다.

　인간에게도 귀소본능이 있다. 인간은 원래 하나님의 형상대로 지음을 받았고 에덴동산에서 하나님과 함께 영원히 살 수 있는 특권을 지녔다. 그러나 하나님께 불순종하고 죄를 지음으로써 영원한 사형 선고를 받고 에덴에서 추방되었다. 그 후로 인간은 하나님과 영원한 본향을 사모하는 향수의 본능을 가지게 되었다. 우리를 소망의 언덕에 오르게 하신 주님께 이 축복의 계절에 또 한 번 감사를 드린다.

내가 자랑하고 싶은 것

나는 어렸을 때 시골에서 자랐다. 뒤쪽으로는 높은 산이 있었고, 앞에는 보성강 상류가 유유히 굽이치며 흐르고 있었다. 여름은 강가에서, 봄, 가을, 겨울은 산에서 보냈던 어린 시절은 지금도 생각하면 참 아름다운 추억이다.

그러나 어렸을 때는 시골 아이들 누구나 그러하듯 늘 도시를 동경하면서 살았다. 어린 가슴에 도시는 언제나 꿈의 대상이었다. 가끔 부모님을 따라 도시의 친척 집을 방문하는 것은 가슴 두근거리는 사건이었다. 도시에 가보면 부러운 것이 한두 가지가 아니었다. 수도꼭지에서 물이 나오는 것이나 전화기도 신기했고 근사한 이층 양옥집을 보면 꼭 한번 살아보고 싶은 생각을 품기도 했다. 가끔 방학 때 시골에 찾아오는 서울이나 광주 사는 아이들이 그렇게 부러울 수가 없었다.

나중에 도시로 나와 학교를 다니게 되었다. 그때 제일 듣기 싫은 말은 '촌놈'이라는 소리였다. 중학교 때 2년 동안 하숙을 했고 그 뒤론 쭉 자취를 했기 때문에 한 달에 한 번씩은 고향에 내려가 쌀과 반찬을 가지고 와야 했다. 부모님이 정성껏 싸주신 쌀과 담아 주신 김치통을 어깨에 메고 시골에서 터덜거리는 완행버스를 4시간 동안 타고 광주 학동에서 내려 임동 가는 시내버스를 탄다. 1960년대 후반 광주는 학동에서 임동까지가 도시의 전부였다. 시내버스를 타고 내릴 때쯤이면 김칫국이 옷 가장자리로 흘러내려 고약한 냄새가 나기 시작한다. 승객들이 얼굴을 찌푸리고 곱지 않은 시선으로 나를 볼때 그땐 왜 그렇게 창피했는지 모르겠다. 그때는 그것이 정말 싫었다. 더욱이 그런 모습으로 시내버스를 타는 날이면 여학생은 정말 만나지 않길 바랐다. 그리고 할 수만 있으면 '촌놈'이라는 사실을 숨기고 싶었다.

내 아내는 도시에서만 자란 사람이다. 어릴 적 이야기를 하다 보면 집사람은 별로 할 이야기가 없다. 그러나 나에겐 할 이야기가 참 많이 있다. 들로 산으로 뛰놀면서 놀았던 아름다운 추억이 많기 때문이다. 문득 삭막한 콘크리트 벽 사이에서, 그리고 도시가 사람을 내몰고 있는 냉정함 속에 살아가고 있는 내 아이들을 보면 어릴 적 시골에서 자랐던 것이 더욱 귀하게 생각되어진다. 산과 강을 끼고 있던 고향에서 보냈던 시간이 수많은 추억을 만들어 주던 소중한 시간들이었다. 그래서 지금은 내가 '촌놈'이라는 사실이 그렇게 부끄럽거나 숨기고 싶은 사실은 아니다. 오히려 아이들에게나, 다른 누구에게든 자랑하고 싶은 추억이다. 그리고 할 수만 있다면 아이들이 그런 추억에 젖을 수 있도록 도와주고 싶다. 그러나 나의 마음은 아랑곳하지 않고 아이들도 도시문화를 훨씬 더 좋아한다. 어쩌다 시골에 내려가면 그렇게 불편해할 수가 없다, 삶은 감자나 옥수수보다 피자나 햄버거를 기다리고 인터넷을 못 하는 시간을 몹시 불편해 한다. 산이나 강가를 거닐며 옛날 얘기를 나누고 들려주고 싶은데 좀처럼 TV 앞에서 일어날 기미가 보이지 않는다.

누군가 "도시는 마귀가 만들고 농촌은 천사가 만들었다"고 했다는데 요즘엔 정말 실감이 나는 것 같다.

사람들은 누구나에게 자랑하고 싶은 것이 있고, 숨기고 싶은 것이 있다. 자기가 이룬 업적이라든지, 성공이라든지, 앞섬이라든지, 가진 것이라든지, 성공한 자녀들이라든지, 혹은 가문을 자랑거리로 삼는 사람도 있다.

나의 시골집에 가면 안방에 사진 한 장이 걸려 있다. 아버지가 군대표로 청와대에 초청을 받으셔서 김대중 전 대통령과 악수하며 찍은 사진이다. 아버지는 그 사진을 굉장히 자랑스럽게 생각하시는 것 같았다. 자랑한다는 것은 그것을 귀하게 여긴다는 것이고, 사소한 것 같지만 자랑으로 여기며 사는 것이 모아져서 그의 가치관이 되기도 한다.

반면 사람들은 부끄러운 것은 숨기고 싶어 한다. 부끄러운 기억들, 남보다 못한 일들, 웃음거리가 될 일들은 숨기고 싶어 한다. 자랑하고 싶어 하는 본능과 숨기고 싶어 하는 본능은 사람들의 마음속에 공존하는 것 같다. 오늘 우리에게 있어서 자랑하고 싶은 것은 무엇이며, 숨기고 싶은 것은 무엇인가?

성경에 바울이라고 하는 사람이 나온다. "기독교는 예수를 빙자한 바울의 종교다"라는 말이 회자될 정도로 바울이 모든 사람에게 끼친 영향은 말로 다 표현할 수 없다. 이 사람은 원래 예수 믿는 사람을 핍박하던 사람이었다. 그러던 그가 예수를 자랑하는 사람으로 바뀌었다. 예수 믿는 것이 가장 고상한 지식이요 예수 외에는 모든 걸 분토로 여길 만큼 가장 소중한 존재로 여기게 된 것이다. 나도 바람이 있다면 바울처럼 나의 영원한 진리요 생명이 되신 주님을 내 인생 끝 날까지 자랑하며 살고 싶다.

📝 세 나무 이야기

　세 나무 이야기가 있다. 올리브나무와 떡갈나무, 소나무는 각각 원대한 꿈을 가지고 각자 특별한 존재가 되겠다는 큰 꿈을 품고 있었다. 올리브나무는 정교하고 화려한 보석상자가 되어 그 안에 온갖 보물을 담는 꿈을 꾸었다. 어느 날 나무꾼이 숲의 수많은 나무 중에서 그 올리브나무를 선택하여 베었다. 올리브나무는 아름다운 보석상자가 될 기대에 부풀었지만, 더럽고 냄새나는 짐승의 먹이를 담는 구유가 되었다. 가슴이 무너져 내리고 꿈이 산산조각 났다. 자신은 가치가 없고 천한 존재라는 느낌이 들었다.

　떡갈나무도 위대한 왕을 태우고 바다를 건널 거대한 배의 일부가 되겠다는 꿈에 부풀어 있었다. 그래서 나무꾼이 자신을 베었을 때 흥분을 감추지 못했다. 그러나 시간이 갈수록 나무꾼이 자신으로 조그만 낚싯배를 만들고 있음을 알았다. 떡갈나무는 슬픔의 눈물을 흘렸다. 높은 산의 꼭대기에 사는 소나무의 유일한 꿈은 언제까지나 높은 곳에 버티고 서서 사람들에게 하나님의 위대한 창조 섭리를 일깨워주는 것이었다. 그런데 순식간에 번개가 치더니 소나무를 쓰러뜨리면서 그 꿈을 빼앗아 버렸다. 얼마 후에 나무꾼이 쓰러진 소나무를 가져다가 쓰레기 더미에 던져 버렸다.

　세 나무는 모두 자신의 가치를 상실했다는 생각에 크게 실망했다. 세 나무의 꿈은 모두 사라졌다. 하지만 하나님은 특별한 계획을 갖고 계셨다. 오랜 세월이 흘러 마리아와 요셉이 아이를 낳을 곳을 찾지 못해 헤매고 있었다. 그들은 마침내 마구간을 발견했고, 아기 예수가 태어나자 구유에 뉘었다. 이 구유는 바로 그 올리브나무로 만든 것이었다. 올리브나무는 귀중한 보석을 담고 싶었으나 하나님은 더 좋은 계획을 가지고 계셨다. 올리브나무는 이 세상에서 가장 귀한 보물인 하나님의 아들을 담게 되었다.

시간이 흐를수록 예수님은 키와 지혜가 자라가셨다. 어느 날 예수님은 호수 건너편으로 건너가기 위해 크고 멋진 배가 아닌, 작고 초라한 낚싯배를 선택하셨다. 이 낚싯배는 그 떡갈나무로 만든 것이었다. 떡갈나무는 위대한 왕을 태우고 바다를 건너고 싶었으나 하나님은 더 좋은 계획이 있으셨다. 이제 떡갈나무는 만왕의 왕을 태우게 되었다.

또 몇 년이 흘렀다. 몇몇 로마 병사들이 그 소나무가 버려진 쓰레기더미에서 뭔가를 부지런히 찾고 있었다. 이에 소나무는 곧 땔감 신세가 되겠거니 생각했다. 하지만 놀랍게도 병사들은 소나무를 작은 두 조각으로 쪼개 십자가를 만들었다. 그리하여 그 소나무에 예수님이 매달리시게 되었다. 이 소나무는 오늘날까지도 사람들에게 하나님의 사랑과 연민을 보여주고 있다.

세 나무는 모두 자신의 가치를 상실했다고, 이제 다 끝났다고 생각했다. 그러나 마침내 그 나무들은 세상에서 가장 놀라운 이야기의 중요한 일부가 되었던 것이다.

"우리가 알거니와 하나님을 사랑하는 자 곧 그의 뜻대로 부르심을 입은 자들에게는 모든 것이 합력하여 선을 이루느니라"(롬 8:28).

두 번째 에피소드

나의 사랑, 나의 가족

📝 남 주고, 남 주자

나는 4남매 중 장남이다. 아버지는 결혼 전부터 아들을 낳아 대를 이어야 한다고 말씀하셨다. 그런데 나는 불효하기로 작심이라도 한 듯 딸만 셋을 줄줄이 낳았다. 아버지는 아쉬운 마음이 남으셨는지 지난봄에도 "지금이라도 어떻게 안 되겠냐?"라고 말씀하셨다. 환갑이 넘은 자식에게 아들 타령을 하시는 아버지께 "우린 예수님 족보로 하면 안 됩니까?" 했다가 혼쭐이 났다. 교회 장로로서 생각이 많이 개방적인 분인데도 혈통관만큼은 너무나 확고했다.

내 아내는 아들을 낳아야 한다는 부담 때문에 결혼 초부터 마음고생을 많이 했다. 나는 큰딸을 낳은 날 세상을 다 얻은 듯 기뻤다. 그러나 이 경사스러운 날 아내의 얼굴은 수심이 가득했다. 아들을 못 낳았다는 미안한 마음 때문이다. 나는 어떤 말이든 해서 아내를 위로해야만 했다.

"여보! 수고 많았소. 그런데 내 딸 이름 말이요, 어차피 키워 남 줄 건데 내가 남씨니까 '남주자'로 지읍시다."

그날 밤 아내는 나의 유치한 농담에 저녁 내내 배꼽을 잡고 웃었다.

두 번째로 또 딸을 낳았을 때 나는 실망한 아내에게 이렇게 말했다. "이번엔 '남주리'라고 지읍시다." 그리고 우린 그날 두 손을 마주 잡고 함께 웃었다.

셋째를 가졌을 때 우린 정말 아들인 줄 알았다. 원래 셋째는 낳을 계획이 없었다. '둘만 낳아 잘 기르자', '잘 키운 딸 하나 열 아들 안 부럽다' 이런 구호가 난무하던 때고, 무엇보다 목회자에게 식구가 많으면 교회가 부담을 느껴 청빈에 어려움이 있던 시절이었다. 그러나 아들을 원하는 아버지 때문에 꼼짝없이 아이를 낳아야 했다. 그런데 주님은 인정사정없이 또 딸을 주셨다. 그날도 나는 아내에게 똑같은 말을 했다. "여보! 잘 키워서 남 줍시다. 이번엔 '남주세'로 지으면 어떤가?" 그리고 우린 밤을 새우며 울다 웃기를 반복했다.

그때 우리는 그렇게 울고 웃었는데 하나님은 딸 셋을 너무나 잘 키워 주셨다. 그리고 셋 중 둘이나 이미 남에게 주었다. 딸들을 주면서 아버지가 그토록 원하신 우람하고 준수한 아들들이 사위라는 이름으로 들어왔다. 몇 해 전 큰딸과 막내딸이 6개월 간격으로 아들을 낳았다. 내 딸들은 복의 근원이다. 어딜 가나 생산성을 높이고 어디서든 필요한 사람으로 쓰임받는다.

'주는 자가 복되다'는 불변의 진리를 나는 오늘도 삶 속에서 체득하며 산다.

📝 나의 영웅, 내 사랑하는 아버지

나의 아버지는 어렸을 적 나의 영웅, 불가능이 없는 신사였다. 건장하고 잘생긴 아버지는 나와 우리 가족이 필요한 것을 언제나 만들어 주셨다. 자라면서 내 눈에 보인 아버지의 모습은 믿음의 사람이었고 이타적인 분이셨다. 아버지의 도움을 받으려는 많은 사람들로 문전성시를 이뤘다. 아버지는 나이 들고 가난한 사람을 돌보고 기도해 주셨다. 또한 성실하고 정직한 분이셨다. 공무원으로 일하면서 부정한 일은 한 번도 하신 적이 없다. 가족이 좀 불편하더라도 정직하게 살아야 한다고 말씀하셨다.

아버지는 건강하셨다. 지금까지 아파서 누워 계신 것을 본 적이 거의 없다. 올해로 90세인 아버지는 몇 주 전까지만 해도 직접 자동차를 운전하여 새벽기도를 다니셨다. 그런데 내 사랑하는 아버지가 지금은 요양병원에 계신다. 식사도 못 하시고 기저귀를 차고 계신다. 며칠 전 새벽에 국방장관을 만나러 가야겠다며 침대에서 자꾸 내려오려고 하셨다는 말을 들었다. 치매 증상이 있으며 위암이 시작됐다는 의사의 말을 들었다.

그래도 내가 가면 아버지는 환하게 웃으셨다. "네가 100살까지 살라고 했는데 가능할 것 같다"라고 말씀하시고 또 웃었다. 아버지는 나에 대해 유별나게 많은 기대를 하셨다. 지금 내가 목사가 되어 장애의 아픔을 이기고 사역하는 것을 언제나 자랑스럽게 생각하신다.

어제도 아버지는 작년에 고향 선산에다 심어 놓은 밤나무 3천 그루에 대해 말씀하셨다. 이제 곧 열매를 볼 것이니, 그것을 따서 함께 먹고 나누라고 하셨다. 그때의 미소 짓는 얼굴은 해같이 밝았다. 죽음을 앞에 둔 아버지, 죽음이 임박했음을 알면서도 느긋한 마음으로 담담히 준비하시는 아버지를 나는 알고 있다.

가을 햇살이 비단결처럼 곱고 아름답다. 이제라도 더 멋지고 가치 있는 일을 위해 빛나는 하루하루를 만들어 가길 소망한다.

📝 내가 이래 봬도 면장 아들이다

사랑스러운 아버지, 나의 우상 맥가이버는 90세를 일기로 소천하실 때까지 언제나 나의 영웅이었다. 앞에서 잠깐 언급한 것처럼 타고난 선비 정신에 정의롭고 청렴하기까지 한 아버지는 이승만 정권의 3·15 부정 선거 때 개 노릇은 하기 싫다며 고급 공무원 옷을 벗어 던지고 농사짓겠다며 깡촌으로 들어가셨다. 어머니는 그날 하늘을 보며 밤새 울었다고 했다. 정직한 것은 땅밖에 없다며 피땀 흘려 열심히 일하던 농사꾼 아버지는 검은 기와집에 논 50마지기를 일구어 냈다.

아버지는 미신을 신봉하던 할머니가 무당 데려다 굿하는 게 싫어 교회를 찾았다고 했다. 교회를 갔다 오던 날 밤 아버지는 내게 십자가 부활 승천에 대해 흥분하며 말씀하셨다. 그리고 우리 가족이 모두 예수를 믿자고 했다. 어머니는 그때 이상하게 무조건 동의가 됐다고 한다. 나는 그때부터 교회가 좋았다. 그리고 삶의 새로운 가치관과 세계관을 갖게 되었다.

아버지는 날 보고 언제나 판사가 되라고 말씀하셨다. 힘에 밀려 불이익을 당하는 억울한 사람이 없도록 공정한 재판이 필요하다고 하셨다. 아버지의 기대는 말할 수 없이 컸으나, 나는 사연 많은 세월 속에 사선을 넘어 목사가 되었다. 목사 안수를 받던 날 환하게 웃으며 "넌 목사가 더 잘 어울린다"라고 말씀하시던 모습이 지금도 생생하다.

남의 일을 내 일처럼 돌보시던 아버지는 지역에서 존경받는 면장

이 되셨다. 면장 아들이란 말이 난 그렇게 좋았다. 나는 지금도 "내가 이래 봬도 면장 아들"이라고 자랑스럽게 너스레를 떤다. 공직에 계실 때도 정직하셨던 아버지에게 뇌물은 통하지 않았다. 난 그런 모습의 아버지가 경이롭기까지 했다. 자신의 행동이 잘못됐다고 판단되면 전화기를 바로 들고 "목사님, 제 생각이 짧았습니다. 용서하십시오"라고 말하며 즉시 자신의 잘못을 인정하고 사과하는 아버지의 멋진 모습을 여러 번 보았다.

아버지는 나중에 교회 장로가 되셨고, 어머니는 기도의 용사요, 권사가 되어 옆에 계셨다. 아버지는 교회 건축위원장을 두 번이나 했고 76세에 장로 은퇴를 명예스럽게 감행(?)하셨다.

나의 영웅, 내 사랑하는 아버지를 고향 선산에 묻고 오던 날, 그 청명한 가을 하늘을 지금도 잊지 못한다. 청년 시절 그렇게 좋아했던 올드 팝이 오늘따라 가슴을 울리며 지나간다. 나는 지금 폴 앵카(Paul Anka)의 "파파"(PaPa)를 듣고 있다. 아버지는 지금도 영원한 나의 영웅이다. 언제나 초여름 밤이면 자랑스러운 내 아버지가 많이 보고 싶다.

📝 총 맞은 것처럼

나는 올해 결혼 42년 차이다. 처음 아내를 만났을 때의 일을 지금도 잊지 못한다. 어느 선교 집회에 참석했다가 내 옆에서 열심히 기도하고 있는 한 자매를 알게 됐고, 나는 그녀에게 첫 데이트를 신청했다.

1980년 가을 당시 광주 충장로 2가에는 '백조 그릴'이라는 고급 레스토랑이 있었다. 식당에는 차이콥스키의 안단테 칸타빌레 현악 4중주 2악장이 흐르고 있었고, 나는 잘 차려입은 양복을 뽐내며 그녀를 기다리고 있었다. 시간이 되어 그녀가 문을 열고 안으로 들어왔다. 그리고 내가 앉아 있는 테이블 쪽으로 걸어왔다. 바로 그때, 그녀를 본 그 순간, 언젠가 유행했던 대중가요 제목처럼 '총 맞은 것' 같은 사람이 되었다. "총 맞은 것처럼 정신이 너무 없어…구멍 난 가슴에…심장이 멈춰도…" 이런 가사의 울림을 너무도 분명히 느낄 수 있었다.

그날 본 아내는 정말 예뻤다. 까만 벨벳 원피스에 늘어뜨린 긴 생머리 사이로 드러난 백옥처럼 흰 목덜미를 지금도 잊지 못한다. 빨간색 하이힐을 신고 또각거리며 내 앞으로 다가올 때 정말 총 맞은 사람처럼 심장이 멈춰 버린 것 같았다. 우린 결혼했고 세 딸을 낳았으며 열심히 살았다.

그런데 사람의 마음이란 참 간사하다. 결혼 35년째 때 함께 살고 있는 아내를 보면서 '총으로 쏴 불고' 싶은 마음이 생긴 것이다. 어떻게 이런 생각이 들 수 있나. 나 자신을 보며 깜짝 놀란다. 이런 마음을 가져선 안 된다는 걸 알면서도 미운 마음이 있다. 그래서 언젠가 아내에게 "당신을 총으로 쏴 불고 싶어…"라고 말했더니 아내의 대답이 가관이다. "나는 당신을 따발총으로 쏘고 싶어요." 어느 날 새벽기도를 마치고 사택에서 우리는 서로 끝없이 총질을 했다.

살다 보니 별일이 다 있다. 자식 키우며 의견 안 맞고, 부모 모시다 생각이 다르고, 건축헌금 작정하다 싸우기도 한다. 무엇보다 목회한다며 가정에 소홀할 때 오는 섭섭함이 갈등으로 이어질 때도 많다. 그래도 우리는 건강한 부부다. 서로 생각을 말한다. 싸우기도 하지만 화해도 잘한다. 그리고 어느 날 하나님이 은혜를 주셨다. 아내를 보며 긍휼히 여기는 마음이 생긴 것이다. 지금까지 변함없이 곁에서 함께해 준 아내에게 고마운 마음이 들었다. 미안한 마음도 있다.

어느 날 아내에게 이렇게 말했다. "주님의 은총을 받아라!" 아내는 이 말을 너무 좋아한다. 계속 쏘라고 두 팔을 벌린다. 총도 총 나름이다. 총 중에 '은총'이 있으니 얼마나 다행인가. 주님의 은총으로 서로 사랑하며 행복한 남은 사역을 꿈꾼다.

📝 병든 어머니도 내 어머니다

어렸을 적 몹시도 추운 겨울에 어머니의 손을 잡고 시골 교회를 처음으로 출석한 날부터 교회는 나의 어머니였다. 교회를 안 좋게 얘기하는 친구와는 사력을 다해 싸웠다. 교회를 욕하면 내 어머니를 모함하는 것처럼 들렸다. 요즘도 몸 된 교회가 돌에 맞으면 잠을 이루지 못할 만큼 아프다.

그런데 더 가슴 아픈 것은, 그리스도인 중에서도 세상과 동맹을 맺어 내 몸에 돌을 던지는 사람이 있다는 것이다. TV 종편 채널에 환호하고 마녀사냥처럼 적폐 청산 운운하며 교회를 난도질하는 그 사람들은 혹시 출애굽 때 유월절을 흉내 내던 잡족이 아닐까 하는 생각마저 들기도 한다. 물론 자정 능력이 있어 우리끼리 문제 해결을 위해 싸울 수는 있다손 치더라도 왜 믿지 않는 자들의 가치로 교회를 폄하해야만 하는가는 의문이다.

한번은 나를 도시 중학교에 유학 보내는 일로 인해 부모님이 서로 크게 싸우신 걸 목격했다. 그때 어머니는 나를 불러 말씀하셨다. "아들아! 집 안에서 일어난 일은 밖에 나가 말하는 게 아니란다." 나는 그때부터 집 안에서 일어난 어떤 일도 밖에 나가 얘기한 적이 없다. 어머니를 욕되게 해선 안 된다는 생각 때문이다. 그래서인지 교회에서 일어난 좋지 않은 일도 나가서 절대 말하지 않는다. 부끄럽고 창피한 일은 스스로 노력하거나 기도로 해결해야 한다는 생각 때문이다.

1992년 걸프전 때 '아군 폭격'(Friendly Fire)이란 말이 유행했다. 적

군을 타격하려고 목표를 향해 쏜 미사일이 아군을 폭격한 것이다. 오늘도 아군 폭격이 많다. 부부 싸움이나 성도가 교회를 공격하는 것도 아군 폭격에 해당할 것이다.

노벨문학상 수상 식장에서 알베르 카뮈가 "나는 정의를 사랑하지만 정의가 나의 어머니에게 총부리를 겨눈다면 나는 그 정의와 맞서 싸우겠다"라고 말했다고 한다. 카뮈가 어머니의 심장에 총구를 겨누는 자와 싸울 것이라고 한 말이 나에게는 추상 같은 주님의 음성으로 들린다. 그는 생명이 무엇인지 아는 사람이다. 교부 키프리아누스(Cyprianus)는 "하나님을 아버지로 모시는 사람은 교회를 어머니로 모셔야 한다"라고 했다. 칼뱅의 《기독교 강요》를 가르치고 있는 장신대의 어느 교수는 "병든 어머니일지라도 그 어머니는 나의 어머니"라고 침을 튀겨 가면서 교회 사랑을 가르친다고 들었다.

그렇다. 병든 어머니일지라도 우리는 그 어머니를 버릴 수 없다. 그리고 마치 내 어머니가 아닌 양 타인들과 함께 어머니를 욕해서도 안 된다. 아픈 어머니의 병든 부분이 위중하다면 치료를 위해 노력하고 밤을 새워 기도해야 할 것이다.

현재 주변에 일어나고 있는 어려운 교회의 일들을 보면, 비난하는 사람은 많으나 기도하는 사람은 적은 것 같아 마음이 참 아프다. 두 눈 부릅뜨고 상대방의 일거수일투족을 감시하는 눈은 많으나 눈 감고 무릎 꿇는 사람은 찾아보기 어렵다. 인터넷이나 스마트폰을 쉴 새 없이 터치하는 손은 있으나 다 내려놓고 엎드려 기도의 손을 모으는 사람이 부족한 현실이 너무 마음 아프다. 주님께서 은혜와 긍휼을 우리 위에 내려 주시길 빈다.

📝 가슴 아픈 것들은 다 소리를 낸다

　시인 김재진의 글 중에 '가슴 아픈 것들은 다 소리를 낸다'는 시가 있다. 시어에 묻어나는 아픈 소리가 읽을수록 절절하다. 얼마 전 심방 중 교회 개척 당시 내가 살았던 화정동 제2청사 뒤 '대륙 아파트'를 지나가게 되었다. 벌써 30년 가까이 세월이 흘렀지만 그곳에 살면서 일어났던 에피소드들이 지금도 생생하게 기억난다. 내 인생에서 가장 치열하게 살았던 때였으니까 말이다. 교회를 개척하고 딸아이 셋을 키울 때 학원에 보낼 처지가 안 돼 공문수학이라는 학습지로 대신했다. 치과의사가 된 큰딸은 공문수학하면 지금도 치가 떨린다고 빙긋 웃는다.

　어느 날 도둑이 들어 아버지 병원비로 쓰려고 계획한 한 달 사례비를 몽땅 털린 적이 있다. 왜 하필이면 내 집인가 해서 많이 아팠다. 아내가 우리 집은 하루에 만 원 이상 쓰면 안 된다고 경제전쟁을 선포할 때 어디 가나 밥값 잘 내는 나는 그 와중에도 몰래 돈을 감췄다. 아내는 살기 위해 소리 내어 기도했다. 아프니까 소리가 난다. 얼음공주처럼 보이지만 내 아내는 산전수전 공중전까지 훈련받은 속정 깊은 40년 친구가 되어 주었다.

　나의 어머니는 한을 기도로 승화시킨 분이시다. 힘들면 늘 울면서 기도하셨다. 그 기도 덕택에 지금 이 아들이 잘 살고 있다고 나는 믿는다. 어제도 어머니는 전화로 그러셨다. "난 내 아들만 잘 되면 돼. 다른 소원이 없어. 그저 감사할 뿐이야." "어머니 기름 아끼지 마시고 따뜻하게 주무셔야 합니다." "난 걱정 마. 내 아들 염려할까 봐 내가 내 몸 관리를 얼마나 철저히 하는데…." 어머니는 아들이 걱정할까 봐 건강관리도 열심히 한다고 하셨다. 그리고 또 말씀을 덧붙이신다. "오늘도 기도했어. 그런데 미안해서 어쩌지. 우리 담임목사님 기도 먼저 하고, 울 아들은 두 번째야." 그리고 웃으신다. 난 그 말이 하나도 서운하게 느껴지지 않는다. 경륜을 아는 지혜가 어디서 나오는 걸까. 어머니는 늘 아플 때 소리를 내셨다. 바로 기도의 소리다. 지금도 기도로 사시는 어머니를 생각하면 눈시울이 뜨겁다.

나는 통증으로 늘 아프다. 아프면 소리가 나야 하는데 내 아픔은 내 속에서만 소리를 낸다. 좋은 모습만 보이기 위해 늘 감춰야 한다. 잎새에 이는 바람에도 괴로워한 시인처럼 상처받기 쉬운 목회 현장에서 참아내는 이력이 상당하다. 어느 해 5월, 아카시아 꽃향기를 맡으며 늘 푸른 예수의 계절을 살기로 다짐하던 날부터 받은 사명이 마침내 열매를 맺어 따고 있다. 지금은 어디선가 우는 소리가 들리고 누군가의 통증이 느껴진다. 아픈 만큼 더 성숙해져 가는 성화의 불꽃, 나를 빚어 가시는 하나님의 손길이 더욱 강렬하게 다가온다.

고통스러운 일이 있는가? 기도하며 울면 된다. 한이 맺혀 터져 오르는 절망을 풀 방법이 없는가? 하나님 앞에서 울면 된다. 아픔을 기도로 승화시킬 줄 아는 사람, 그는 하나님을 얻는다. 하나님이 왜 우리에게 아픔을 허락하셨는가? 우리 인생에 전환점이 필요하기 때문이다. 늘 편하고 좋고 계획하는 일이 잘되면 누가 하나님을 찾겠는가? 누가 겸손하겠는가? 기도하라고, 내가 너를 만나고 싶다고, 나를 찾아오라고 하나님이 부르시는 음성이다. 그래서 아프면 소리를 내는 것이다.

📝 어머니의 어록

　미국 뉴욕의 랜드 마크 중 하나인 '자유의 여신상'은 프랑스가 미국 독립 100주년을 맞이하여 기증한 조각가 바르톨디의 작품이다. '자유의 여신상'에 있는 여인의 모델은 바르톨디의 어머니다. 그는 평화와 사랑의 상징인 여신상 모델을 찾아 나섰지만 흡족한 대상을 찾지 못하고 허송세월만 했다. 그러던 중 문득 평생 자신을 위해 희생한 어머니의 얼굴을 떠올리며 "바로 이 표정이다"라고 하여 어머니를 모델로 삼은 것이다.

　어머니의 사랑은 영원하다. 아무리 퍼내도 마르지 않는 사랑의 샘이다. 어머니의 사랑은 지우개이다. 어떤 고통과 슬픔도 어머니의 품 안에서는 깨끗하게 지워진다. 어머니는 회초리로 자녀의 종아리를 때리면서 속으로는 눈물을 흘리신다. 어머니는 반딧불 같은 희망만 있어도 참고 기다리는 인내자이시다. 그러나 사람들은 어머니가 그들 곁을 떠난 후에야 이 사랑을 깨닫는다. 어머니는 '어머니'라는 이름 때문에 모든 것을 참는다.

　어머니를 주제로 엮은 책이 많지만 내가 읽은 모든 책 중에 소장하여 수시로 읽고 또 보게 되는 책 한 권이 있다. 《신은 모든 곳에 있을 수 없기에 어머니를 만들었다》는 책이다. 제목처럼 이 책에서는 자신을 세상이라는 울타리 속으로 나오도록 해주신 어머니에 대한 아련한 기억을 언제나 접해 볼 수 있다.

　작가 정채봉 씨는 "오늘 우리에게 중요한 것은 지식이 아니라 사랑입니다. 어머니의 사랑이 있는 곳에 우리의 행복이 있다는 것을 이 책의 여러 선생님들이 고백하고 있습니다"라고 말했다. 이 책을 함께 엮은 류시화 씨는 "처음에 우리들은 이 책을 사랑, 배움, 희생 등의 주제별로 나누려고 했습니다. 그러나 결국 그 생각을 접었습니다. 어머니에 대한 글은 그것이 어떤 내용일지라도 '사랑'이라는 주제 하나로밖에는 묶을 수가 없었기 때문입니다"라고 밝혔다.

이 책은 자신을 세상이라는 울타리 속으로 나오도록 해주신 어머니에 대한 아련한 기억을 접해 볼 수 있도록 여러 사람의 어머니에 관한 회고의 글들로 이루어져 있다.

이 책의 어머니들처럼 나의 어머니도 그랬다. 3대가 함께 사는 가정에 맏며느리로 20명이 넘은 가족과 일꾼들의 밥을 하루 세 끼씩 해내는 어머니를 어렸을 때부터 보며 자랐다. 낮에는 쉼 없이 밭으로 논으로 나가 일하셨고 비 오는 날에도 쉬는 법이 없었다. 자작일촌(自作一村)의 친척들이 포진한 동네에서 늘 칭찬받고 살았던 어머니는 언제나 섬김과 희생이 몸에 배어 있었다. 결혼한 시누이가 오면 밤을 새우며 이야기꽃을 피웠다. 지금 생각하면 시집살이하며 고생하고 있는 시누이의 아픔을 상담해주셨던 것 같다. 때로는 힘들게 사는 이모들이 오기도 하고, 이혼을 결심한 외숙모의 생각을 바꾸게 해 돌려보내는 일도 옆에서 본 적이 있다. 이분들은 지금 모두 다 자식의 자식을 보며 잘 살고 계신다.

나는 어머니가 남겨주신 어록 몇 가지를 성경 다음으로 소중히 간직하고 있다.

"아들아, 집에서 일어난 부끄러운 일은 밖에 나가서 말하는 게 아니란다."

"남이 잘되면 질투하지 말고 축복해줘라. 그래야 성공한다."

"항상 좋은 것만 생각하고 범사에 감사해라."

"넌 언제나 엄마한테는 아이다. 언제나 처음 마음을 잊어선 안 된다."

"너는 그렇게 살면 안 된다. 하늘에 속한 사람인데 늘 깨어 기도해야 한다."

"교인을 하늘처럼 섬겨라. 그 일이 너의 사명이다."

설빔으로 어머니가 사주신 옷을 실수로 화롯가에서 태워 버린 날, 밤새 울던 동생을 보고 다시 사줄 테니 울지 말라고 위로하던 어머니가 생각난다. "나는 아까 많이 먹었다"며 먹을 것을 내게 주시면 정말 그런 줄 알았던 어린 시절…. 그런데 그 어머니는 지난 설에도 똑같은 말씀을 하셨다.

"난 아까 부엌에서 많이 먹어 배부르다."

그러시고는 사다 드린 삶은 킹크랩 큰 발을 내게 내밀어 주셨다. 생각할수록 눈물이 난다. 그것이 바로 세월이 흘러도 변함없는 어머니의 사랑이다.

📝 사랑이 보이는 좋은 부부

어느 날 아침 식사를 하는데 생각에 잠긴 아내가 혼잣말처럼 말했다. "내가 당신 같은 남편을 만난 게 큰 복인 것 같아." 나는 아내가 왜 복받았다고 확정적으로 말하지 못하는지 그녀의 심리 상태를 잘 알고 있다. 그래서 복받은 것 같다는 말에도 나는 충분히 감사하며 기뻐할 수 있다.

정말 힘들었을 것이다. 처음부터 팔 아픈 남편을 수발하며 개척 교회 사모를 해야 했다. 아빠 무릎만 독차지하며 자란 사람이 딸 셋을 키워내야 했던 일은 감당하기 힘들었을 것이다. 시댁을 섬기는 일도 그렇고 가끔 철없는 교인들이 주는 스트레스까지 감내해 내기엔 보통 힘든 일이 아니었을 것이다. 그럼에도 불구하고 기적 같은 열매들을 보게 하셨다. 지금도 풍족하고 넘치게 사는 건 아니지만 언제나 감사하며 살 수 있는 것은 신실하신 주님에 대한 신뢰가 있기 때문이다.

좋은 부부는 자신에게 이익이 되지 않아도 끝까지 사랑으로 함께 하는 것이다. 좋은 부부란 이익과 편리와 기쁨과 상관없이 끝까지 함께 가는 것이라고 생각한다.

언젠가 우연히 영상 하나를 보게 되었다. 그 영상은 내게 많은 생각을 하게 했다. 그 내용은 다음과 같다.

"어느 세미나에서 어떤 교수가 한 여인에게 칠판 앞으로 나와서 좋아하는 사람의 이름을 20명 써보라고 했습니다. 그리고 중요한 사람을 남기고 하나씩 지워보라고 했습니다. 5명, 또 5명…. 이제 남편과 자녀들만 남게 되었습니다.

교수는 거기서 다시 한 명의 이름을 지우라고 말합니다. 여인은 자녀들 중에서 가장 든든해 보이는 아들의 이름을 지웁니다. 교수는 다시 한 명의 이름을 지우라고 합니다. 여인은 그래도 가장 친구 같은 딸의 이름을 지웁니다. 이제 여인에게는 남편과 가장 약해 보이는 아들만 남게 됩니다.

교수는 여인에게 둘 중에서 한 사람의 이름을 지우라고 합니다. 여인은 말로 표현할 수 없는 고통스런 고민을 하면서 막내아들의 이름을 마지막으로 지워냅니다. 그러면서 여인은 주저앉아서 엉엉 울기 시작합니다.

시간이 좀 지나서 여인이 진정되자 교수님은 여인에게 "왜 남편의 이름을 지우지 않았느냐?"고 묻습니다. 여인은 "나에게 가장 가까운 20명 중에서 언젠가는 친구들도, 형제들도, 양가 부모님도, 심지어는 아들딸까지도 내 곁을 떠나겠지만, 남편만큼은 내가 죽을 때까지 곁에 남아 있을 사람이기 때문입니다"라고 대답합니다."

영국의 사회 비평가인 존 러스킨은 "인류 역사는 세계의 역사가 아니라 가정의 역사"라는 말을 했다. 그리고 "한 나라의 수준은 그 나라의 가정 수준 이상으로 올라갈 수 없고 한 나라의 생존은 가정의 생존 여부에 달려 있다"라는 말도 덧붙였다. 가정의 기둥은 당연히 부부여야 한다. 나는 건강한 부부의 관계가 행복한 가정의 버팀목이 된다고 믿는다. 무엇보다 사랑의 관계를 지켜내는 것이 중요하다.

삼중고(三重苦)의 인생을 살았던 헬렌 켈러에게 어떤 사람이 물었다.
"인생들 중에서 가장 불쌍한 사람은 누구입니까?"
헬렌 켈러는 이렇게 답했다.
"눈을 가지고 있으되 제대로 볼 줄 모르고, 귀를 가지고 있으되 제대로 들을 줄 모르며, 입을 가지고 있으되 제대로 말할 줄 모르는 사람입니다."
가정이 있되 서로 사랑을 주고받을 줄 모르고 사는 것처럼 불쌍한 사람은 없을 것이다. 가정에서 사랑의 양식을 먹고 자라난 아이들은 좋은 성품을 지닌 훌륭한 인격자가 될 수 있다. 그러나 부모의 애정과 형제간의 사랑을 주고받을 줄 모르고 자란 자녀들은 거친 성품의 건강하지 못한 인격을 소유하기 쉽다. 인간에게 꼭 필요한 양식이 있다면, 그것은 사랑이다. 가족 공동체에는 따뜻한 사랑이 있어야 한다.

성경은 말한다.

"그러나 너희도 각각 자기의 아내 사랑하기를 자신같이 하고 아내도 자기 남편을 존경하라"(엡 5:33).

📝 산타모니카의 낸시

2004년 봄, 친구 몇 명의 부부와 팀을 이루어 미국 서부 여행을 한 적이 있다. 샌프란시스코에서 LA까지 캘리포니아 해변을 따라 내려가는 여행이었는데 지금도 잊을 수 없는 우리 부부의 오랜 추억이 되었다. 그중에서 산타 모니카 해변에서 1박을 할 때의 기억은 특별 하다. 산책 길에서 한 미대생을 만났다. 캐리커처를 그려 학비를 벌고 있는 학생이었다. 그때 10달러를 주고 그림을 부탁했는데 우리 부부의 특징을 어찌나 잘 잡아 그렸던지, 그 그림은 지금도 내 서재 벽에 걸려 있다.

그날 그 여대생한테서 미국의 제40대 대통령을 지낸 레이건 부부가 산타 모니카에 살고 있다는 얘기를 들었다. 잘생긴 배우 출신이자, 냉전 시대 강한 리더십으로 미국과 세계를 이끌었던 레이건은, 퇴임 후 5년이 지난 1994년 알츠하이머병에 걸려 옛 친구들과 자녀들의 얼굴조차 알아보지 못했다고 한다. 하루는 레이건이 콧노래를 흥얼거리면서 몇 시간 동안 갈퀴로 수영장 바닥에 쌓인 나뭇잎을 긁어모아 깨끗이 청소했다. 그 모습을 본 낸시 여사의 눈가에 눈물이 떨어졌다. 아내를 아주 많이 사랑했던 레이건은 젊은 시절에도 아내를 도와 집안 청소를 하면서 행복해했다고 한다.

낸시는 그때를 생각하며 젊은 시절에 남편이 청소를 하며 행복해하던 기억을 되살려 주고 싶었다. 그날 밤에 낸시 여사는 경호원들과 함께 남편이 담아서 버린 낙엽을 다시 가져다가 수영장에 몰래 깔았다. 그러고는 다음 날 남편에게 다가가서 말했다.

"여보, 수영장에 낙엽이 가득 쌓였어요. 이걸 어떻게 청소해야 하나요?"

낸시가 걱정을 하자 레이건이 낙엽을 치워 주겠다면서 일어나 정원으로 나갔다. 낮이면 레이건은 콧노래를 흥얼거리며 낙엽을 쓸어 담고, 밤이면 낸시 여사가 낙엽을 뿌리고, 그렇게 낸시는 남편의 행복했던 기억을 되돌려 놓으려고 애를 썼다.

이런 헌신적인 사랑의 힘 덕분인지, 레이건은 어느 누구도 알아보지 못할 정도로 기억력을 잃었지만 아내 낸시만은 확실하게 알아보았다. 레이건은 가끔 정신이 들 때마다 "내가 살아 있어서 당신이 불행해지는 것이 가장 고통스럽다"라고 한탄했다. 그러자 낸시 여사가 말했다.

"여보, 현실이 아무리 힘들고 고통스러워도 당신만 있으면 좋아요. 당신이 없는 행복보다 당신이 있는 불행을 택하겠어요. 부디 이대로라도 좋으니 10년만 더 내 곁에 있어 주세요."

가슴이 찡해지는 말이다. 레이건은 낸시의 헌신적인 사랑과 보살핌을 받으면서 낸시의 소원대로 더 살다가 2004년 93세를 일기로 세상을 떠났다. 행복은 무엇일까? 소유의 많고 적음보다 서로 이해하고 배려하는 것이 행복이고 사랑이 아닐까. 오늘도 주 안에서 감사하며 자족하는 하루가 되길 소망한다

세 번째 에피소드

나의 목회와 삶

📝 고봉 파와 깨끼 파

얼마 전 저녁 초대를 받고 식당에서 나오던 중 길가에서 땅콩을 팔고 있는 분을 보았다. 늦은 시간까지 손님이 없어 쭈그리고 앉아 있는 모습이 안돼 보여 땅콩 한 되를 사겠다고 했다. 그는 내가 얼마나 반가웠던지 큰 손으로 되가 넘치게 수북이 올려 담아 건네주었다. 갑자기 어머니의 인정이 떠올라 코끝이 찡했다.

내가 기억하는 어린 시절, 어머니는 곡식을 사고팔 때 되질을 했다. 되질을 반복해서 더 이상 담기지 않을 때까지 곡식을 퍼 올릴 때가 있는데 그것을 '고봉'이라고 한다. 높은 봉우리라는 뜻이다. 그것은 물리적인 높이가 아니라, 인정이다. 되가 허용하는 한 넘칠 때까지 담아서 주는 것, 그것은 우리 어머니들의 인정이었다.

나는 1980년대 초에 결혼한 후 어려운 농촌 교회에서 목회를 시작했다. 목회자가 부임하면 교회는 언제나 목회자의 사례비를 정하고 모신다. 지금도 생각하면 잊을 수 없는 이야기가 있다. 교회에 부임한 첫날 교인 대표가 사례비를 들고 찾아와 내게 들려준 말을 지금도 잊지 못한다.

당시 내게 가져온 사례비는 월 4만 원에 쌀 한 말과 보리쌀 한 되였다. 그런데 사례비를 결정하는 과정에서 교인들이 긴 회의를 했다는 것이다. 내용인즉 쌀 한 말과 보리쌀 한 되를 고봉으로 줄 것인가, 깨끼로 줄 것인가로 생각이 나누어져 투표했는데, 그분의 표현대로 말하자면 고봉 파가 깨끼 파에게 졌다는 것이다. 그래서 쌀과 보리쌀을 깨끼로 가져오게 되어 죄송하다고 했다. 되에 곡식을 담을 때 가득가득 수북하게 담으면 '고봉', 그걸 딱 부러지게 깎으면 '깨끼'라고 부른다. 그리고 이어서 내게 들려준 말은 "전도사님! 우리 교인들이 잘살게 되면 꼭 쌀을 고봉으로 드리겠습니다"였다.

나는 그날부터 교인들이 부자 되기를 기도했다.

"하나님! 우리 교인들 부자 되게 해주세요. 그리고 교회 부흥되게 해주세요. 그래서 저도 고봉으로 쌀밥 먹게 해주세요."

그렇게 기도한 지 몇 해 되지 않아 교회는 또 회의를 했는데, 이번엔 고봉 파가 이겼다고 했다. 쌀독에서 인심 난다고, 나는 정말 고봉으로 받은 쌀로 밥을 먹었다. 그리고 걷은 성미가 남으면 몇 주 동안 모아 어려운 이웃들을 섬기고 나눴던 일들이 지금도 생생하다.

그 이후로 나는 언제나 '고봉 목회'를 생각한다. 더 이상 올릴 수 없을 만큼 높이 쌓아 올려 나누는 목회를 꿈꾼다.

📝 목사님은 설교를 몇 년이나 하셨습니까?

가까운 이웃 교회 장로님과 개인적인 일로 만난 적이 있었다. 이런저런 이야기를 나누다 갑자기 장로님이 내게 질문을 던졌다.

"목사님은 설교를 몇 년이나 하셨습니까?"

"네, 한 35년 된 것 같습니다. 왜 물으시죠?"

내 대답과 질문에 장로님은 한참 뜸을 들이더니 "예, 저는 설교를 듣기만 50년 했습니다"라고 대답했다. 그리고 미안하다는 말을 전제한 후 이런 얘기를 내게 들려줬다. 설교를 50년 동안 들었기 때문에 설교자의 영성을 거의 알 수 있다는 것이다. 설교 본문에 얼마나 충실한지, 무슨 주석이나 책을 참고했는지, 그리고 설교자의 삶이 어떤지까지 모두 보인다고 했다. 그날 나는 무척 충격을 받았다. 설교를 하는 사람보다 설교를 듣는 사람이 더 힘들겠다는 생각을 처음으로 해 보았다.

존경받고 살기가 쉽지 않다. 동네나 사회에서는 가려진 것이 많아 좋은 것만 보일 수 있다. 오히려 가까운 사람에게 존경받기가 더 어렵다. 가정에선 아내와 자녀에게 존경받기가 어렵고, 교회에선 가장 가까운 부교역자, 당회원 그리고 재정부장에게 존경받기가 어렵다. 가까운 곳에서 늘 나를 보고 있고, 다 알고 있기 때문이다. 우리는 사방이 보이는 유리관 속에 서 있는 인형과 같은 존재다.

그러므로 교인도 알고 세상도 알고 있는 뻔한 일들을 생각 없이 행동해선 안 된다. 불법 재정 운영, 논문 표절 등이 세간에 알려지며 교회의 정직성이 흔들리고 있다. 교회의 불편한 진실은 언제나 비난의 표적이 되고 있다.

세상은 교회와 지도자에게 높은 도덕성과 윤리성을 요구한다. 지도자에 대한 불신을 회복해야 한다. 부도덕성에 휘말리면 이단과 사이비에게 침투할 틈새를 제공한다. 이제는 모든 것이 다 보이는 세상이다. 꼼수는 절대 통하지 않는다.

누군가는 나를 보고 있다. 무엇보다 주님이 우리를 보고 계신다. 멋지고 화려한 설교나 간증, 기적과 체험도 중요하다. 그러나 말씀대로 사는 삶의 열매가 보이지 않으면 희망은 없다. 주님의 도우심이 절박하다.

📝 목사님, 무단횡단하지 마세요

정답을 아는 것도 쉽지 않지만, 정답대로 사는 일은 더 어렵다. 무엇보다 지도자로 사는 일은 결코 쉬운 일이 아니다. 높은 도덕성과 검소하고 근면한 모습이 요구된다. 무엇보다도 이중적이어서는 안 된다. 말과 행동이 다르면, 지도자의 권위는 바로 실추된다.

한번은 이런 일이 있었다. 우리 교회에 들어올 때 반대편에서 오는 차량은 유턴(U-turn)해서 들어와야 한다. 그런데 급한 나머지 바로 좌회전으로 꺾어 들어오다 사고가 많이 나곤 한다. 그래서 광고 시간에 교통 법규를 잘 지키라고 전달했다. 법규를 잘 지켜 사고를 방지하고 높은 시민의식을 보여 달라고 수차례 얘기했다.

그러던 어느 날 목장을 맡고 있는 권사님 한 분이 전화를 걸어왔다. "목사님, 죄송한데 혹시 무단횡단하신 적이 있나요?" "왜 그러시죠?" "다름 아니라 저희 목장에 새 가족이 한 분 계신데, 목사님이 교회 앞에서 무단횡단하신 걸 본 모양이에요. 제게 하는 말이 교통 법규를 잘 지키라고 말씀하신 목사님이 왜 정작 자신은 법규를 지키지 않느냐고 물어옵니다."

우리 교회 앞 횡단보도는 양쪽이 다 동선이 길다. 그래서 교회 앞 식당에 갈 때, 슬슬 주변을 살피며 몇 번 무단횡단을 한 적이 있었다. 그런데 그것을 새 신자가 보았고 목장 리더를 통해 신고(?)가 들어온 것이다. 난감했다. 그래서 바로 궁색하게 튀어나온 말이 "말은 배우고, 행동은 배우지 말라 하세요"였다. 농담 비슷하게 상황을 모면하고 나니 내 모습이 참 우습게 보였다. 내 모습을 누군가는 볼 수 있다. 그래서 지도자의 행동반경은 좁을 수밖에 없다. 사람을 의식해서 내 모습을 잘 감출 것이 아니라 감출 것이 없는 사람이 되어야 한다. 하나님 앞에서든 사람 앞에서든.

📝 목사님, 하나님께 물어보세요

꽤 오래전 노회 간의 '경계 문제'로 총회가 엄청난 내홍을 겪은 때가 있었다.

내가 속한 노회도 한 교회가 군부대가 있는 상무지구라는 곳에 건축을 하여 이전한 일이 있었는데, 그곳이 바로 이웃 노회 경계 안에 있었다. 이 일로 양 노회 간 분쟁이 생겼고 나는 경계 위원장을 두 번이나 맡으면서 원만하게 조정하여 분쟁을 해결하기 위해 나름 열심히 노력했다.

그런데 지금도 잊혀지지 않는 가슴 아픈 기억 하나가 있다. 이웃 노회에 고소를 당해 지방 법원에 출두한 일이다. 나는 5·18 민주화 운동 이후에 부당하게 옥살이를 하고 있는 5·18 부상자의 변호를 위해 증언석에 서 본 것 외에는 법원은 한 번도 가 본 적이 없다.

이유야 어떠하든 목회자 신분으로 법정에 선다는 것은 무척 부담되고 부끄러운 일이 아닐 수 없다. 그런데 그날 양 노회 재판을 심리하던 판사가 우리에게 이런 말을 했다. "목사님, 하나님께 물어보시지 왜 여기까지 오셨어요?" 나는 그 말에 쥐구멍이라도 들어가고 싶은 심정이었다. 판사는 30대 초반으로 보이는 여자 판사였다. 아마도 그 판사가 교회를 다니고 있는 청년일지라도 모른다는 생각이 들면서 얼마나 부끄럽고 창피했던지 서둘러 법정을 빠져 나왔던 기억이 있다.

당시 경계 문제는 총회 결의 사항이었고 재판 건이 아니라는 결론이 나왔다. 총회는 전권위원회를 통해 경계 문제를 일단락 지었다.

이 일을 경험하면서 소송만이 능사가 아니며 얼마든지 우리 안의 자정 능력으로 문제를 해결해 가는 예측 가능하고 성숙한 공동체로 교회가 거듭나길 기도하게 되었다.

인류 최초의 성문법은 십계명이다. 출애굽기에 보면 십계명의 시행세칙까지 상세히 설명하고 있다. 무엇보다 예수님은 산상수훈을 통해 죄 지을 동기까지 차단해야 할 것과 양심의 법까지 광의적인 법 적용을 말씀하심으로 기독교가 최상의 윤리 시스템을 가지고 있음을 만천하가 알도록 하셨다. "새가 머리 위를 날 수 있으나 머리에 둥지를 틀도록 해서는 안 된다." 마틴 루터가 한 말이다. 사람인지라 우리 안에 은밀하고 악한 생각이 떠오를 수는 있지만 그 생각을 반복하고 행동으로 나타내선 안 된다는 의미다.

오래전 법정에서 젊은 판사가 "목사님, 하나님께 물어보세요"라고 한 말을 다시 한번 떠올리면서 교회 안의 일을 처리할 때나, 혹은 이웃과의 분쟁을 다룰 때, 소송을 생각하기 전, 하나님께 먼저 여쭙고 심사숙고하는 자세와 기도가 선행되길 간절히 바란다.

📝 빛고을 정신은 곧 복음의 정신이다

학창 시절 나는 '청바지, 통기타, 생맥주'의 문화에 빠져 지냈고, '왜 살아야 하는가'라는 질문에 부딪힐 때 한때 유행했던 영화 〈썸머타임 킬러〉의 주인공처럼 오토바이를 타고 스피드를 즐기곤 했다. 이데올로기의 격랑 속에 예속된 시대의 무게는 천근만근 무거웠다. 그때 내겐 구원이 필요했고, 인생의 탈출구가 불가피했다.

그리고 1980년 봄, 신학교의 문을 두드리고 교정의 등나무 아래서 만난 친구가 내게 들려준 첫 번째 얘기는 안병무의 '민중 신학'과 구티에레즈의 '해방 신학'이었다. 강의실에선 언제나 개인 구원과 사회 구원이 충돌했다. 그도 그럴 것이 당시는 시퍼런 군사독재 시절이었고, 재해석되고 새로운 신학의 옷이 필요했다. 기득권자와 부자는 구원받을 수 없었고 예수님은 가난하고 소외된 자를 위해 오셔야 했다. 관점을 놓친 아고라의 광장처럼 시간이 속수무책으로 지나갔다. '불트만'과 '몰트만'을 공부할 때 두 사람이 형제간이냐고 누군가 물어 파안대소(破顔大笑)했던 기억도 있다. 논점은 분명했으나 갈등은 언제나 끝나지 않았다.

그 후로 강산이 네 번도 넘게 변할 시간이 흘렀지만, 지금도 촛불과 태극기가 첨예하게 갈라져 있는 현실을 본다. 시대의 명제를 끌어안고 예수님으로부터 해답을 찾는다. 예수님은 극진보주의자이시며 극보수주의자였다는 사실이다. 당시 예수님이 세리나 창기와 함께했다는 것은 엄청난 진보주의라고 볼 수 있다. 그리고 십자가를 통한 인류의 구원을 실천한 예수님은 가장 보수적인 방법을 취하셨다. 십자가 외에는 그 어떤 것도 해결할 수 없다는 것을 아셨기에 죽음이라는 극단적 방법을 선택하셔야만 했다. 해결할 수 없는 문제를 위해서는 누군가 죽어야 하지 않겠는가. 주님은 자신이 죽으심으로 십자가의 가치가 주는 밀알 사상을 우리에게 심어 주셨다. 그러므로 복음의 본질과 결론은 '섬김'으로 귀착된다.

나는 대학에 가기 위해 서울에서 공부했던 1년을 뺀 50여 년을 고스란히 광주에서 살았다. 광주는 참 따뜻하고 정이 많은 도시다. 누구든 광주에 대해 궁금해하면 무등산이 품고 있는 이 아름다운 도시를 거침없이 설명해 준다. 광주(光州)는 빛 '광', 고을 '주', 빛의 도시(city of light)다. 그래서 '빛고을'이라 부르기도 한다. 성경에서 빛은 예수님을 가리킨다. 그래서 광주는 예수님의 도시다.

그리고 광주 정신을 이해하는 것이 무엇보다 중요하다. 첫째, 광주는 정의의 도시다. 불의에 무릎 꿇지 않는 의로운 도시다. 둘째, 정직한 도시다. 1980년 5월 당시 이 도시가 무정부 상태에 빠졌을 때 시중의 은행이나 동네 슈퍼마켓이 하나도 털린 곳이 없었다. 당시 도청 안에는 공무원들에게 주려고 준비된 월급이 있었는데 그 누구도 손을 댄 흔적이 없었다고 한다. 광주가 폭동이 아니라는 분명한 증거들이다. 셋째, 섬김과 나눔의 도시다. 5·18 당시 어머니들이 거리마다 솥을 걸고 팔을 걷어붙이고 주먹밥을 만들어 시민들에게 나눠 먹인 일은 너무나 유명한 이야기이다. '주먹밥 정신'은 곧 섬김과 나눔의 정신이고, 그것이 곧 복음의 정신이라고 생각한다.

유명한 역사학자 플리니우스(Plinius)가 로마의 트라얀 황제에게 자기가 살고 있는 마을의 그리스도인들이 어떠한지를 보고하기 위해서 편지를 쓰는 가운데 이런 보고서가 있다.

"그들은 결코 음란하지 않습니다. 그리고 도둑질하지도 않습니다. 그들은 약속을 어기지도 않습니다. 결코 거짓말하지도 않습니다. 또한 그들은 부채에 대해 깨끗합니다. 그들은 정의롭습니다."

플리니우스가 보았던 당시 그리스도인들만 그런 것일까? 우리도 그렇다. 우리가 예수님을 믿고 사는 것은 날마다 기적을 보고 사는 것이다. 기적은 죽은 자가 살아나는 것, 엄청난 돈을 벌고 성공하는 것이 아니다. 화평의 삶, 거룩한 삶을 사는 것이 기적이다. 정직하게 사는 것이 기적이고, 섬기고 나눌 수 있는 여유로움이 기적이다. 예수님을 바라보면 이런 기적이 일어난다. 복음으로 사는 교회의 모습이 그렇다.

모든 이들의 삶과 얼굴이 곧 전도지요 주님의 형상이길 소망한다. 누군가 교회와 우리를 소개하고 설명할 때 플리니우스의 편지처럼 보이길 간절히 소망한다.

📝 우리 동네 목사님 (함께 꿈꾸는 동네)

거룩한 교회를 회복하여 다시 세상으로 나아가자는 '마을 목회'(Village Ministry)가 시대의 대안일 수 있다는 생각을 해 본다. 이미 세상은 물질만능주의, 집단 이기주의, 실용주의에 빠져 있다. 교회가 개교회의 우물 안에 갇혀 있다는 것도 이미 알려진 사실이다.

하비 콕스는 "교회가 세상을 버리면 하나님이 교회를 버린다"라고 했다. 물론 교회의 본질은 복음이다. 변두리 복음으로 내홍을 앓고 있는 한국교회 강단은 더 강렬한 복음을 선포함과 동시에, 다시 세상 속으로 들어가는 통로 역할도 해야 한다. 아직도 교회의 호감도는 바닥을 치고 있기 때문이다.

기형도 시인의 〈우리 동네 목사님〉이란 시가 있다. 시구 중에 "성경이 아니라 생활에 밑줄을 그어야 한다"라는 대목이 나온다. 물론 '성경이 아니라'고 말한 대목은 동의할 수 없지만, 언젠가 생활에 밑줄을 긋는 목회자가 되고 싶은 기도 제목이 있었다. 교회만이 아닌 '우리 동네 목사님'이 되고 싶었던 것이다. 교회는 사회의 축소판이요, 특별한 공간이 아니라고 생각했다. 그래서 주민과 소통을 많이 하고 싶었고, 사회와의 교량 역할을 하고 싶었다.

우리 교회는 구 도심지에서 20여 년, 그리고 신 도심지로 이사온 지 10년이 지났다. 그동안 우리 교회는 지역 주민과 함께하는 다양한 프로그램들을 진행해 왔다. 아파트 단지가 밀집한 이곳에서 한 달에 한 번씩 수변 무대를 배경으로 '난장 음악회'를 열고 있다. 교회에서 500여 개의 토스트를 구워 지역 주민들에게 무료로 제공한다. 음악회에 초대해 즐거움을 주며 교회 소개도 하는 자리를 마련하고 있다. 또 경로당 서포터즈도 하고 있다.

송하마을 작은 공동체인 '함께 꿈꾸는 동네'('함꾸네'라 부른다)를 운영한 지는 10년이 넘었다. 지역 신문을 만들어 배포하고, 농수산물을 판매하는가 하면, 마을 독서실 운영 등 여러 가지 사업을 진행하고 있는데, 초창기에는 나서서 함께 돕다가 얼마 전부터는 뒤로 물러나 돕고 있다. 지역 서포터즈인 호민관을 통해 복지 사각지대를 찾고, 동네 목사님들로 결성된 '효 목회'를 통해 독거노인 반찬 배달로 지역 섬김이도 시작했다. 금년 들어서는 '함꾸네 오케스트라'를 만들었다. 교인과 동네 주민 절반씩 70명을 모집하여 바이올린, 첼로, 클라리넷, 플루트 등 악기를 무료로 나눠 주고 최근 정기 연주회를 갖기도 했다. 동네 주민과 유지들을 초청하여 함께함으로써 '우리만의 천국'이 되지 않게 했다.

교인 중에 전문적인 강의를 할 수 있는 교수들의 인력을 활용해 미술 치료, 음악 교실, 모래놀이 치료, 종이 접기, 논술, 독서 토론 교실, 영어 학교 등의 강의를 진행했다. 음악 치료나 미술 치료는 전문 자격증을 가진 강사를 초청해 과목을 개설했는데, 몇 년 전부터 구청의 도움을 받아 지금은 학교를 따로 운영하고 있다. 교회에 사회복지사를 배치해 복지에 관한 여러 가지 상담을 돕고 있다. 물론 교인과 주민을 구별하지 않는다. 교회에서 이미 검증된 '아버지 학교'를 열고, 비신자를 대상으로 프로그램을 진행하였고, 최근엔 분기별로 '만찬의 밤'을 마련해 대체하고 있다.

마을에서 교회에 도움을 요청하면 무엇이든 한 번도 거절한 적이 없다. 교회 예배당이나 부속실도 주민 행사에 기꺼이 내놓았다. 먹거리를 사 달라면 얼마든지 묻지 않고 사 드렸고, 어르신들이 봄놀이를 갈 때 버스를 대절해 드리는 일은 당연했다. 이웃 동네 주민이 예비된 우리 교인이라고 생각하면 섬기는 게 어려울 것도 없다. 지금은 구역도 아예 마을 교구와 목장으로 편성해 열린 교회를 지향하고 공동체 나눔을 갖고 있다.

지금은 마을 사람들과 마음을 쉽게 터놓고 지낸다. 내가 가면 피우던 담배를 감추기도 하고, 식당에서 만나면 밥값을 대신 내 주기도 한다. '이미지 전도'라는 말이 있다. 좋은 소문은 언제나 주변을 풍요롭게 한다. 꾸준히 잘 섬기기만 해도 교회가 자연히 성장하는 것을 경험했다.

나는 교회 성장의 부정적 통계를 싫어한다. 지금도 교회는 얼마든지 부흥할 수 있다. 나는 한국교회가 마을 목회, 즉 가까운 이웃과 함께하는 것이 시대의 대안이라고 본다. 교회는 세상을 향한 섬김과 동시에 생명의 통로가 되어야 하기 때문이다.

📝 주님 앞에 들켜버린 내 마음

개척하여 38년째 목회를 하고 있다. 지금까지 살아온 모든 것은 한마디로 '은혜'라는 말 외에 달리 표현할 방법이 없다. 물론 과정은 힘들었다. 내가 어서 잘되어서 누군가를 돕고 살아야 한다는 거창한 인생의 프로젝트는, 개척하여 먹고살기도 힘든 현실 앞에서 늘 좌절되었다. 무엇보다 돈 앞에 내 생각을 들키고 사는 게 너무나 자존심이 상했다.

한번은 이런 일도 있었다. 나와 비슷한 시기에 개척을 한 동기 목사님이 헌신예배를 인도해 달라는 연락이 왔다. 설교를 잘 준비하고 헌금 5만 원을 봉투에 담아 준비했다. 5만 원은 당시 설교자에게 통상적인 사례로 지급한 액수이므로 나보다 더 어려운 교회이니 받을 금액만큼 헌금으로 돌려주고 싶은 마음에서였다.

예배가 시작되었고, 설교를 마친 후 헌금 순서가 되었다. 그런데 갑자기 내 안에서 알 수 없는 싸움이 시작됐다. '지금 너나 네 교회도 어려운데 5만 원 다 하지 말고 3만 원만 하라'는 소리가 어디선가 들렸다. 봉투를 만지작거리고 있는데 또 다른 음성이 들리길 1만 원만 하라고 한다. 인생을 실속 있게 살라는 충고까지 한다. 봉헌위원이 내 앞에까지 오는 3~4분 사이에 일어난 일이다.

지금도 그때 그 일을 잊지 못한다. 얼마나 부끄럽고 창피한지 말로 다 할 수 없었다. 순간 참회의 기도를 드렸다. 그리고 처음에 계획한 액수대로 다행히 봉헌했다. 그러나 주님 앞에 들켜 버린 내 모습이 얼마나 비참하게 느껴지는지 한동안 회개하느라 많이 힘들었다. 돈을 품 안에 넣고 덜 할까 더 할까 갈등하며 돈을 만지작거리고 있는 모습을 누가 봤다면, 참으로 기가 막힐 노릇이다. 목회자가 이 모양인데 성도들은 오죽할까 하는 자책감과 함께 나 자신을 다시 정비하는 좋은 기회가 된 것을 오히려 감사했다.

흰 염소와 검은 염소가 싸우면 누가 이길까? 답은 많이 먹은 놈이다. 많이 먹어야 힘이 세고 잘 싸울 수 있기 때문이다. 우리도 일단 말씀을 많이 먹어야 한다. 사람은 아는 것만큼 행동한다. 어둠의 소리가 들려올 때 이길 수 있는 힘은 바로 '주님의 음성'이다. 주님의 음성은 많이 먹어 놓은 말씀을 통해 들려온다. 어떤 환경에 처했을 때, 이미 내재된 성경적 가치대로 우리는 환경을 장악할 수 있다.

사람은 저장된 정보만큼 말하고 행동한다. 험담을 하거나 폭언을 하는 사람을 불쌍히 여겨야 한다. 왜냐하면 좋은 말을 할 수 있는 단어가 그 안에 저장되어 있지 않기 때문이다. "마음으로 믿어 의에 이르고, 입으로 시인하여 구원을 얻는다"라는 말씀은 다이아몬드와 같은 진리이다.

📝 작은 교회가 아름답다(?)

개척하여 38년째 목회를 하고 있다. 지하에서, 2층에서, 땅을 임대하여 조립식으로 지은 건물에서 목회를 했다. 교회 건물을 사서 리모델링하여 입당하던 해에 IMF를 겪기도 했고, 승용차로 30분 정도 걸리는 위치에 성전을 건축하고 헌당한 일까지, 개척교회 목사로서 할 수 있는 모든 일을 거의 다 해 본 것 같다. 그래서 맨땅에 헤딩하며 여기까지 살아온 일은 한마디로 은혜라는 말 외에 표현할 길이 없다. 물론 그 과정도 힘들었다. 무엇보다 돈 앞에 내 생각을 들키고 사는 게 너무나 자존심 상했다.

언젠가 총회 정책협의회에서 정책의 필요를 느낀 주제에 대한 발제가 있었다. 어느 대학 교수의 발제 중 "작은 교회가 아름답다"는 주제 발표가 있었다. 이어진 토론 시간에 나는 내 자신이 놀랄 만큼 강경한 어조로 작은 교회는 결코 아름답지 않다고 말했다. 먹고 살기도 힘들었던 작은 교회를 경험해본 나로선 주제의 의미가 무엇이든 간에 그 말에 동의할 수 없었다. 작은 교회 목회는 절대 낭만일 수 없다. 현실은 언제나 녹록지 않기 때문이다.

교인이 얼마나 모이느냐, 재정이 얼마나 되느냐는 끊임없는 질문 앞에 자본주의 안에서 기독교의 한계에 대해 고민해야 했다. 교인이 몇 명 안 될 때 언젠가 내 친구가 말하길 누가 물으면 "천 명 못 모인다"고 말하라고 했다. 시키는 대로 했더니 정말 많은 사람들이 "그렇게 많이 모이냐"고 했다. 숫자가 주는 함정이다.

지금도 끊임없이 어둠의 목소리가 들린다. 그래서 늘 갈등을 유발

한다. 어둠의 소리가 들려올 때 이길 수 있는 힘은 오직 주님의 음성밖에 없다. 앞서 말한 대로 주님의 음성은 많이 먹어놓은 말씀을 통해 들려온다. 그러므로 평소에 말씀을 많이 먹어야 한다. 결국 평소에 쌓아둔 성경적 가치에서 환경을 이길 바른 판단력과 힘이 나오기 때문이다. 말씀이 우리의 가치관이요 세계관이 되어 우리를 이끌고 상황을 지배하도록 해야 한다.

　마지막으로 한마디 덧붙인다. 작은 교회가 아름다울 수 있다고 말하려면 그것은 은혜와 복음이 교회에 충만할 때에라야 가능하다고 본다. 나는 모든 교회가 의미 없는 숫자의 함정에서 벗어나 온전히 주님 안에 거함으로 상황에 예속되지 않는 순전하고 힘찬 비상을 하길 소망한다.

📝 삶의 오솔길을 걸으며

목표했던 어떤 일의 결과가 좋지 않을 때면 누구나 열심히 살지 못한 것을 후회한다. 물론 최선을 다한 결과라면 할 말은 있다. 그러나 성실하지 못했다면 자신의 모습을 자책할 것이다.

나는 목회자로서 교회의 부흥을 늘 꿈꾼다. 영적 고지를 향한 목표는 언제나 타는 목마름이다. 그리고 '최선을 다했는가?'라는 질문엔 고개 숙여 대답을 유보한다. 교회를 개척하고 여기까지 인도하신 것은 온전히 주님의 은혜다. 그리고 이 모든 일은 어떤 말로도 표현할 수 없는 기적이다. 정말 그렇다. 그래서 주님께 더 부끄럽다.

이정하 씨의 "삶의 오솔길을 걸으며"라는 글이 있다.

> 사람에겐 누구나 홀로 있고 싶어질 때가 있습니다. 낙엽 밟는 소리가 바스락거리는 외가닥 오솔길을 홀로 걷고 싶을 때가 있고, 혼자서 조용히 음악을 들으며 명상에 잠기고 싶을 때도 있는 것입니다. 무엇보다도 자신이 지나온 삶을 돌이켜보면서, 인생은 달리기만 해야 하는 것이 아니라 때로는 멈춰 서서 호흡을 가다듬는 시간도 필요하다고 생각합니다. 그것은 결코 중단이나 포기가 아니라, 앞으로 보다 가치롭게 나아갈 길에 대비한 자기 성찰일 것입니다.
>
> 삶의 오솔길을 걸으며 나는 느낍니다. 마른 가지에서 연분홍빛 꿈이 움트던 지난 봄, 그리고 또 여름에는 살진 가을 열매를 맺기 위해 내리쬐는 불볕도 마다 않고 헌신적으로 받아 내던 잎새의 수

고로움. 아아! 그러한 삶의 과정이 있었기에 가을이면 온갖 초목들은 어김없이 삶의 결실을 거두는 것이 아니겠습니까.

'너는 과연 어떤 수고로움으로 어떤 결실을 맺었는가? 자기의 모든 것을 태워 열매를 맺는 단풍잎처럼 과연 너는 너의 열매를 맺기 위해 땀과 눈물을 쏟았다고 떳떳이 자부할 수 있는가?' 그렇게 물어 볼 때마다 나는 비로소 초목들보다 성실치 못했던 내 모습에 낭패해 하며 가을을 맞는 내 삶의 길목에서 부끄럽고 또 부끄럽습니다.

몇 해 전 교단 총회가 있었다. 첫날 회의를 마친 후 심한 두통과 구토로 견딜 수 없는 밤을 보냈다. 그때 나를 병원에 데리고 다니며 정성껏 간호해 주신 노회 장로님이 계셨다. 정말 헌신적으로 돌봐주셨다. 함께했던 시간 동안 많은 얘기를 나누며 서로를 더 깊이 알게 되었다. 몸은 힘들었지만 유익한 시간이었다.

장로님은 성실하고 부지런한 분이셨다. 아침 식사 전 2시간을 농장에서 일한다고 했다. 밥이 꿀맛이란다. 하루 종일 일하면서도 건강을 지키는 법을 가르쳐 주셨다. 참 아는 것도 많으시다. 교회를 헌신적으로 섬기시는 간증이 은혜롭다. 부부간의 애정을 아름답게 이어 가는 모습이 신비롭다. 출가한 자녀들은 목회자로 또 교사로 멋지게 쓰임받고 있다. 지금도 꿈꾸고 있는 일들을 놓고 기도하고 있다고 말하는 장로님은 전쟁을 앞둔 병사의 얼굴처럼 상기되어 있었다.

그렇다. 바로 그것이다. 그렇게 열심히 살 일이다. 개인적인 업적을 특별히 남기지 못한다고 해도 누군가를 위해 열심히 봉사하며 산 사람은 자기 삶에 만족한다. 사람은 누구나 이기적인 삶을 살기 십상이다. 열심히 일하고 공부해서 자기 삶의 충분한 터전을 마련했다 해도, 사회적으로 탄탄한 위치를 얻었다고 해도 뭔가 찜찜하다. 자신만을 위해 살고 남을 위해 산 것이 없기 때문이다. 그러므로 열심히 살아도 그 평가는 각각 다르다. 이타적인 삶은, 자신은 부족해도 오히려 만족한 삶을 누릴 수 있다는 말이다. 더욱이 그리스도를 닮겠다는 그리스도인으로서 이타적인 삶을 살아야 한다는 건 두말할 필요도 없다.

남아서 남는 것이 아니고, 모자라서 모자라는 것이 아니다. 가난하다 해서 가난한 것이 아니고 부자라고 부자가 아니다. 우리는 사람을 보고 평가할 때 피상적으로 보는 경우가 많다. 아무리 부자 같아도 뭔가 끊임없이 부족하여 욕심을 내기도 한다. 반면 가난한 듯해도 오히려 자기 삶에 만족하기도 한다. 풍요로움과 가난은 마음의 문제다. 그래서 "마음이 가난한 자는 복이 있다"라는 성경 말씀이 진리일 수밖에 없다.

📝 나는 오월이 좋다

나는 오월이 좋다. 연초록 잎사귀 작은 손바닥이 좋다. 힘줄이 튀어나온 한여름의 진한 초록 잎새보다 아기 속살처럼 부드러워 만지기 좋은 파란 이파리가 훨씬 좋다. 낙엽이 되어 뒹구는 잎이나 앙상한 나뭇가지들보다 희망을 피우며 자라 오르는 새순이 보기만 해도 그냥 좋은 것이다.

청년 시절, 반년이 넘도록 어두운 회색 병실에 갇혀 있다가 퇴원하여 밖으로 나오던 날이 바로 오월 초하루였다. 앞날에 아무것도 보이지 않던 절망의 시간에 내 앞에 다가와 희망을 준 것은 이제 막 물이 올라 잎을 내기 시작한 오월의 나무와 연초록 아름다운 풀잎이었다. 오월의 나무와 풀잎은 살고 싶은 욕망을 갖게 했다. 그래서 지금도 나는 연초록으로 물든 나무를 볼 때마다 가슴이 설레고 심장이 빠르게 뛴다. 오월은 나를 구원해 준 달이다. 오월은 내게 미래를 줬고 회복을 꿈꾸게 했다.

그럴 것이다. 목숨이 경각에 달린 절망의 시간을 사는 사람들에겐 역시 희망의 불씨를 피울 무언가가 필요하다. 어떤 역경에 처해 있다 해도 일단 살고 볼 일이다. 나도 그랬다. 사는 일이 내게 그렇게 중요할 때 초록빛의 기운을 받았다. 오월은 인생을 새롭게 시작하게 한 구원의 계절이다. 그래서 오월은 내게 유별나게 좋은 계절이 되었다.

성경은 인생을 가리켜 '나그네'라고 한다. 이 나그네를 좀 더 현대적으로 표현하자면 '여행자'라고 할 수 있다. 여러 나라를 여행하다

보면 즐거운 일도 생기지만 괴로운 일도 만난다. 똑같은 돈을 주고 사 먹는 음식도 입에 맞는 것이 있는가 하면, 먹기가 힘들고 괴로운 것도 있다. 그러나 여행 중에 어려운 환경을 만났다고 절망할 사람은 없다. 왜냐하면 그곳에서 계속 살 것이 아니기 때문이다. 그래서 오히려 여러 가지 처음 만나게 되는 환경들을 절망적인 눈으로 보는 것이 아니라, 신비스럽고 기대에 찬 눈으로 즐기게 된다. 어떤 발명품이 어디에 쓰이는지 알아내는 가장 쉬운 방법이 하나 있다. 그것을 '만든 사람'에게 물어보는 것이다. 이 따사롭고 싱그런 봄날, 초록으로 가득 찬 '생명의 향연'을 보며 이를 만드신 분을 묵상하는 계절이 되면 얼마나 좋겠는가. 나는 오늘도 이 멋지고 아름다운 계절, 연초록 빛깔로 세상을 빚으신 분을 찾아가는 구도자의 마음으로 오솔길을 걷는다.

📝 연분홍 치마가 봄바람에

"연분홍 치마가 봄바람에 휘날리더니"라는 유행가 가사처럼 봄날이 가고 날마다 기온이 오르는 걸 보면 여름이 이미 시작된 것이 분명하다. 지난주에 세미나를 마치고 돌아오던 산 중턱에 벚꽃처럼 화려하게 피어 있는 꽃들을 보았다. 알고 보니 이팝나무라고 한다.

이팝나무는 입하 무렵에 꽃이 피어서 '입하목'으로 부르던 것이 이팝나무로 변했다는 유래가 있다. 그런가 하면 나무의 하얀 꽃송이 모양이 이밥(쌀밥)을 연상시킨다는 데서 유래됐다는 설도 있다. 이팝나무 꽃이 만개하는 5-6월은 1960-70년대 한국 농가의 '보릿고개'였다. 흉년이 들어 어머니의 품에서 빈 젖을 빨다가 굶어죽은 아기를 묻고, 그 앞에 이팝나무를 심었다고 한다. 살아서 입으로 먹지 못한 쌀밥을 죽어서 눈으로라도 실컷 먹으라는, 쌀밥에 한이 맺힌 선조들이 눈으로라도 배불리 먹어보자는 심정으로 바라보았던 '힐링' 나무인 셈이다.

김선태 시인의 《살구꽃이 돌아왔다》는 시집에 '그 섬의 이팝나무'란 시가 있다. 이 시는 시인이 서해 어느 섬마을에 있는 늙은 이팝나무를 보고 쓴 시다. 그 마을 사람들에게 하얀 쌀밥이 너무 귀했다. 그래서 눈으로라도 마음껏 먹고자 이팝나무를 심었다. 이 나무 밑에서 그들은 주린 배를 달랬다. 나는 이 시가 너무도 좋다. 왜냐하면 이팝나무는 굶주린 자들에게 위로와 희망을 주기 때문이다. 농민들은 씨 뿌리며 일 년 먹을 양식 준비하는 농민들은 이팝나무만 쳐다보았다.

이팝나무 꽃이 활짝 피면 풍년이 든다고 믿었다. 만발한 하얀 꽃을 보고 밥그릇에 고봉으로 담긴 흰 쌀밥을 연상했음직하다. 가난한 살림에 쌀밥을 지어본 적이 없었으니, 제사상에 올릴 쌀밥을 짓던 며느리는 밥이 됐는지 알아보려 밥알 몇 개 먹어보았다가 그걸 본 시어머니의 심한 구박에 그만 며느리는 뒷산에 올라가 목을 맸다고 한다. 그런데 며느리 무덤에서 나무 한 그루가 자라 꽃을 피웠는데, 쌀밥에 얼마나 한이 맺혔는지 꼭 쌀밥을 닮았더란다. 이팝나무의 전설에는 며느리의 비원이자 한국인의 비원이 담겨 있다 하겠다. 옛날 흉년이 들면 어미의 젖은 텅 비었다. 아기는 어미의 빈 젖을 빨며 천천히 생명의 끈을 놓아야 했던 시절도 있었다. 어미의 품에서 싸늘하게 식어간 아기의 주검을 아비는 뒷동산 양지바른 자리에 고이 묻고, 그 앞에 나무를 심었는데 쌀밥처럼 하얀 꽃을 수북이 피우는 이팝나무였다.

죽 한 그릇 못 먹어 부황든 식구 거느린 아비에게 못자리 옆에 하얗게 핀 이팝 꽃은 정녕 쌀밥이었겠다. 벚꽃보다 환하고 은은한 향기가 일품인데다, 질 때도 눈처럼 떨어져 장관을 이룬다. 이팝나무의 기운을 쐬면 머리가 좋아진다는 속설도 있으니 이팝나무 아래서 잠시 무거운 짐을 내려놓고 쉬어 보는 것도 괜찮겠다. 살아서 입으로 먹지 못한 쌀밥을 죽어서 눈으로라도 실컷 먹으라는 아비의 뜻이 있었다. 그때 그 가난의 추억이 담긴 이팝나무가 지금 우리의 가장 아름다운 나무로 살아났다. 이팝나무 그늘이 새삼 고마운 시절이다.

"하나님! 우리 교인들 부자 되게 해 주세요. 그리고 교회 부흥되게 해 주세요." 늘 이렇게 기도했다. 개척 당시엔 어디를 봐도 어려울 때였다. 그래서 몇 주 동안 성미를 모아 어려운 이웃들을 섬기고 나눴던 일들이 지금도 생생하다. 나는 지금 고봉의 목회를 생각한다. 더 이상 올릴 수 없을 만큼 높이 쌓아 올려 나누는 목회를 꿈꾼다.

"그는 시냇가에 심은 나무가 철을 따라 열매를 맺으며 그 잎사귀가 마르지 아니함 같으니 그가 하는 모든 일이 다 형통하리로다"(시 1:3).

📝 책과 음악으로 더위는 가라

　무더운 여름이다. 서울, 중부 지방은 연일 장맛비 소식인데 남쪽은 비가 인색하다. 며칠 전엔 열대야로 잠을 설친 적이 있다. 침대에서 뒤척거리다 일어나서 보다 둔 책을 들었다. 역시 책 읽기는 밤중에도 스승을 모셔 온다.

　나는 책으로 가득한 이 세상을 사랑한다. 책으로 가득한 세상을 사는 것이 행복하다. 중학생 시절에 헤르만 헤세의 전집을 사서 읽었던 기억이 새롭다. 고등학교 시절에는 도스토옙스키의 작품들을 정말 열심히 읽었다. 친구들은 연애소설이나 무협지를 읽을 때 톨스토이의 《인생독본》(문학동네, 2020)을 읽고 있는 나를 이해하지 못했다.

　오랜 병상 생활 중 읽었던 바이런과 푸시킨은 20년 뒤 러시아 모스크바 신학대학에서 강의할 때 유용하게 써먹었다. 성경을 얘기할 때 조용하던 학생들이 푸시킨을 얘기하니 책상을 두드리며 반응을 보였다. 나는 그때 푸시킨 덕분에 꽤나 인기 있는 강사가 됐다. 지금도 시나 소설 혹은 비전문 서적이라도 들고 있으면 행복하다. 어제도 주문한 책을 하루 종일 읽었다. 스캇 펙의 《아직도 가야 할 길》(율리시즈, 2011)과 한홍의 《왕들의 이야기》(두란노, 2007)다. 매번 그렇지만, 책을 주문할 때면 새로운 책을 읽을 기대에 부풀어 목을 빼고 기다리게 된다. 요즘은 인터넷 주문으로 이틀도 채 걸리지 않는다. 베스트셀러는 저자와 목차라도 봐야 직성이 풀린다.

　나는 설교자이기에 설교를 위한 독서도 필요하지만, 어떤 목적을 위해 독서를 하면 책의 감동은 항상 반감된다. 책은 책 그대로의 저자의 의도가 전달되어야 한다. 설교를 준비하기 위해 성경을 읽으면 안 된다. 성경을 통해 주시는 하나님의 마음과 의도를 알기 위해선 평소에 꾸준히 말씀 읽기를 해야 한다.

초등학교 시절 쪽복음 성경을 들고 교회를 다닐 때부터 읽었던 성경은 인생에 절망의 밤이 올 때마다 나를 일으켜 세워 주었다. 그래서 나에게 성경은 그냥 책(Book)이 아니라 'The Book'이 된 것이다.

나는 음악으로 가득한 이 세상도 사랑한다. 음악으로 가득한 세상을 사는 것이 행복하다. 20세기 최고의 신학자인 칼 바르트는 "모차르트에 관한 고백"에서 "축음기의 발명 덕분에 나는 벌써 오래전부터 매일 아침 우선 모차르트의 음악을 들은 다음, 그날 신문 기사에 관한 이야기는 회피한 채 곧장 교의학 연구에 집중하고 있다"라고 말했다. 바르트는 이런 고백도 했다. "만약 내가 장차 천국에 간다면 우선 모차르트를 만나 안부를 묻고 싶고, 그다음에 비로소 어거스틴, 토마스 아퀴나스, 마르틴 루터, 존 칼뱅, 슐라이어마허의 안부를 묻고 싶다."

세상의 어떤 감격과 기쁨도 음악이 선사하는 감동보다 더 순수하고 아름답지 않다. 음악보다 더 깊이 영혼을 울리는 감동은 없다고 본다. 음악은 시간 예술이다. 소리의 시간 속에서 과거와 현재가 만난다. 그리고 지난 향수에 빠지게 한다.

20대 초반의 일이다. 감수성이 예민할 때 빈센트 반 고흐의 생애를 읽고 밤을 꼬박 새운 적이 있다. 돈 맥클린의 '빈센트'가 나왔을 때 "starry, starry night…" 하던, '별이 빛나는 밤에…'를 수없이 불렀던 학창 시절을 잊을 수 없다. 그래서 지금도 휴대폰 컬러링은 '빈센트'다. 방황하던 시절, 빈센트 반 고흐는 연민의 대상이었고 그의 푸른색과 회색의 색감이 모순된 꿈과 이상을 대변해 주곤 했다. 시간이 많이 흐른 지금의 빈센트는 부조리한 세상에 오래 살 수 없어, 일찍 하늘로 간 별이 빛나는 영롱한 밤처럼 아름다운 잔상으로 남아 있다.

책을 읽고 음악을 들으라. 무더운 여름이 신선한 야채의 향으로 다가오는 축복의 시간으로 바뀔 것이다. 나는 지금 그리스의 여가수 나나 무스쿠리(Nana Mouskouri)의 음악을 들으며 설교를 준비하고 있다.

📝 손 빼고 말하시오

대부분 사람은 이해되는 것만 이해하려고 한다. 즉 일일이 직접 보고 듣고 난 후에야 이해하려고 한다. 그러나 보지 않고 듣지 않고도 '그럴 수 있다'라는 이해심의 정도에 따라, 그 사람의 인격과 성숙도가 가늠된다고 해도 과언이 아니다.

꽤 오래된 얘기지만 아직도 잊혀지지 않는 일이 있다. 우리 노회 목사님이 부총회장 후보로 출마하셨을 때, 서부 지역 후보 소견 발표회가 있었는데 당시에는 소견 발표가 끝나고 후보 검증을 위한 질의 응답 시간이 있었다. 그때 내가 발언권을 얻어 질문했다. 질문의 요지는 당시 한 지역에 두 분이 출마했으니 한 분으로 단일화할 수 없겠느냐는 것이었다. 그때 갑자기 뒤에서 누군가가 큰소리로 "손을 빼고 말하시오"라고 말했다.

청년 시절에 교통사고를 당해 주님의 은혜로 생명은 구했지만, 한쪽 팔이 불편한 상태로 30년이 훨씬 넘게 살고 있다. 손에 힘이 없어서 왼손을 항상 주머니에 넣고 다녀야 하는 피치 못할 사정이 있었다. 물론 모든 것을 극복하고 목회자가 되었고 풍요롭고 행복한 삶을 누리고 있다. 그러나 지금도 사람을 만나 악수를 하거나 대중 앞에 설 때에 오해를 사는 경우가 많아 마음이 아프다. 그렇다고 만나는 사람마다 다 설명할 수도 없는 노릇이다.

그날도 앞에서 발언하는 나를 뒤쪽에서 보면서 주머니에 손을 넣고 말하는 것이 무척 거슬렸던 모양이다. "손 빼고 말하라"고 육성으로 크게 소리 질렀으니 회의장이 술렁거리며 어수선해지기 시작했다. 그때 우리 노회 장로님들이 그분을 찾아가서 "저분이 어떤 분인 줄 아느냐?" "공개 사과하라"라고 하면서 내 얘기를 전했고, 나중에야 전후사정을 알고는 자신이 상대방을 제대로 인식하지 못한 채 경거망동한 것에 대해 정중히 사과했다. 총회에서 몇 번 뵌 적이 있었는데, 그때 일에 대해 미안한 마음을 갖고 있다고 내 손을 잡고 어쩔 줄 몰라했다. 그날 있었던 일은 우리 노회에 화제가 되었다.

하루는 친구가 이런 이야기를 해주었다.

어떤 교회에서 부흥회가 열렸는데, 부흥사가 집회를 인도하면서 교인들에게 박수를 치며 찬송하도록 했다. 그런데 맨 앞자리에 앉아 있는 교인 한 사람이 박수를 치지 않았다. 부흥사는 모두 다 박수를 치는데 한 사람만 그냥 앉아 있으니 보기가 안 좋았던지 재차 박수를 요구했다. 그 교인은 박수는커녕 손을 계속 오른쪽 주머니에 넣고 있었다. 부흥사는 순간 화가 났다. 자기 말을 무시한 것 같기도 하고 무엇보다 자기에게 불만이 있는 것처럼 보였다. 강사는 자신의 감정을 통제하지 못하고 회중석의 앞자리 교인을 향해 내려갔고, 주머니에 넣고 있는 손을 잡아 빼며 "박수를 치라고 했지 않느냐?" 하며 역정을 냈다. 그런데 박수 치라고 억지로 빼낸 손은 의수였다.

누구에게나 말 못 할 사정은 있다. 그냥 '뭔가 사정이 있겠지' 하고 넘어갈 수 있는 여유가 우리에겐 너무 없다. 그날 부흥사도 한 번 더 생각할 시간이 절대 필요했던 것이다. 내가 이해할 수 없는 점을 다 밝혀서 반드시 이해하는 일이 그렇게 중요하다면, 나 한 사람의 이해를 위해 당사자가 겪어야 하는 수모와 이에 따르는 고통과 여러 가지 불이익들은 어떻게 해야 하겠는가.

오래전 일이지만, 교회 청빙 과정에서 팔 때문에 거절당했던 아픈 기억이 있다. 농촌 교회에서 목회하고 있을 때 장로님 세 분이 선을 보러 와서 내게 호감을 갖고 청빙 요청을 했다. 당시 목회하던 교회가 꽤 부흥했고 개인적으로 새로운 변화가 한 번쯤 필요하다고 생각했던 터라, 청빙을 쾌히 승낙하고 아내와 함께 이사에 대한 여러 가지 절차를 의논했다.

그런데 다음 날 장로님 한 분이 전화를 하셨다. 다 좋은데 팔 문제로 반대하는 교인이 많다며, 청빙을 없었던 일로 하자는 것이었다. 황당하긴 했지만 이해할 수는 있었다. 다만 아내에게 매우 미안했다. 어디든 초청해 주면 잘하고 싶은 마음이 있었는데 모두 내 마음 같지 않았다. 대다수 사람들은 언제나 보이는 것을 먼저 보고 판단했고, 보이지 않는 것은 아예 생각조차 접었다. 편견과 판단을 유보하는 지혜가 아쉽다.

옛날 앙드레 지드가 했던 유명한 말이 떠오른다.

"정확히 비판을 하려면 비판의 대상을 사랑하면서, 일정한 거리를 두고 대상에서 떨어지는 일이 중요하다."

그렇다. 나라의 일이나 남의 일이나 교회의 일이나 자신의 일을 비판하는 일에도, 비판의 전제는 대상에 대한 폭넓은 객관적 지식과 이해력에 바탕을 두어야 한다. 어떤 대상에 비판을 가하기 위해서는 그 대상보다 오히려 더 많은 지식이나 정보가 있어야 한다. 숲에 들어가 있을 때는 산의 윤곽을 볼 수 없듯이 상대의 전모를 알지 못하면 지엽적인 국면에만 매달리는 처지가 될 수밖에 없다. 그래서 대상을 정확히 비판하기 위해서는 일정한 간격을 두고 전체를 바라볼 수 있어야 한다. "남의 눈에 티를 보지 말고, 네 눈에 있는 들보부터 빼라"는 성경의 말씀이 더 절실하게 마음에 다가온다.

누구에게나 말 못 할 사정이 있는 법, 이제 무슨 문제든지 한 걸음 물러서서 바라보는 훈련을 해야 한다. 더 나이가 들어 몸도 마음도 영혼도 굳어지기 전에 역지사지(易地思之)의 자세로 상대를 바라볼 수 있어야 한다.

📝 용납하며 살기

오래전에 읽고 내 낡은 서가에 꽂아놓은 《아주 특별한 우표 한 장》이라는 책이 있는데 가슴이 따뜻해지는 글들이 많다. 이 책의 저자 '브라이언 카바노프'는 가톨릭 신부로 영혼에 감동을 주는 대중 연설가이며 여러 권의 책을 쓴 저자이기도 해서 개인적으로 좋아하는 분이기도 하다. 여러 이야기 중에 "나를 기억하시나요"라는 실제 있었던 미담이 인상적이었고, "낡은 우물의 비밀"에서 물은 끊임없이 솟아 채워졌지만 아무도 사용하지 않아 결국 말라 죽어버린 우물 이야기로 소통이 없어 단절된 현대인의 모습을 회복시키고픈 마음도 표현했다. 무엇보다 다정한 이웃, 사랑하는 가족, 용기 있는 나에게 편지를 보내는 형식으로 쓰인 온기가 느껴지는 따뜻한 책이기도 하다.

책 가운데 범죄자에게 용기를 주고 격려하면서 심판을 하는 "색다른 심판"이라는 아프리카 부족의 얘기가 나온다. 남아프리카의 바벰바 부족에서는 반사회적인 범죄 행위가 좀처럼 일어나지 않는다고 한다. 그러나 어쩌다 그런 행위가 일어나면 그들은 우리와는 달리 상당히 흥미로운 의식으로 죄를 저지른 사람을 계도한다.

규범에 어긋난 행위를 저지른 부족원이 생기면 그를 마을 한가운데에 세운다. 그러면 어린아이까지 포함하여 모든 부족원이 하던 일을 멈추고 그 죄 지은 부족원 주변으로 모여 그를 둥그렇게 에워싼다. 그 후 가운데 선 부족원이 그동안 베풀었던 그의 선행을 차례로 돌아가면서 하나씩 말하게 한다. 그의 건설적인 속성과 능력, 선행,

세 번째 에피소드: 나의 목회와 삶 95

친절한 행위 등 모든 것이 빠짐없이 열거된다는 것이다. 거짓말을 하거나 과장하거나 우스갯소리는 허용되지 않고 진지하게 그에 대한 긍정적인 평가를 말하게 한다는 것이다.

놀랍게도 이 의식은 며칠을 두고 이루어진다. 부족원 모두가 잘못을 저지른 사람의 긍정적인 면을 찾아내 칭찬할 수 있을 때까지 계속되는데, 정작 그에 대한 불만이나 그가 저지른 무책임하고 반사회적인 행위나 실수에 대한 비판은 한마디도 하지 않는다.

그렇게 해서 부족원 전체가 그의 칭찬거리를 다 찾아내면 의식이 끝나고 즐거운 축제가 벌어진다. 그리고 그 부족원은 다시 부족의 일원으로 환영받으며 되돌아온다. 결국 잘못을 저지른 부족원의 자존심을 최대로 살려 주면서, 그로 하여금 부족의 기대에 어긋나지 않게 살도록 하는 것이다. 그래서 그 사회에서 범죄행위가 사라지도록 유도한다.

사실 따지고 보면, 사람마다 장점이 있다. 못한 점보다는 잘한 점이 많은 법이다. 그러나 우리 사회는 못한 점만 보고, 한 번 실수로 그 사람의 전체가 평가되는 일이 많다. 실수를 용납하지 않은 사회는 끝까지 지은 죄를 스스로 인정하지 않는다. 인정하는 순간 그 조직이나 사회에서 퇴출되는 두려움이 있기 때문이다.

실수가 용납되고, 그 실수에 대해 만회하도록 기회를 줄 수 있는 여유로운 세상이 되었으면 좋겠다. 아니, 내가 그런 여유 있는 사람이 되었으면 좋겠다.

그러나 아무래도 현대인들에게는 어쩔 수 없는 조급함이 있는 것 같다. 무한 경쟁의 시대와 환경에 적응하다 보니 나도 모르게 그렇게 되는지 모르겠다. 바쁠수록 돌아가라는 옛말은 빠른 결론을 유보하고 한 번 더 생각하는 여유로움을 잃지 말라는 말로 읽힌다. 왜냐하면 조급한 마음이 우리의 삶을 피폐하게 만들고 건강을 잃게 만들기 때문이다.

현대인들은 모든 면에 너무 예민하다. 생각이 너무 앞선다. 성경은 마땅히 "생각할 그 이상의 것을 생각하지 말라"고 말씀한다. 가까운 이웃과 사랑하는 가족과 나 자신까지 모두 용납하며 사는 사회가 되길 소망한다.

삶이 그대를 속일지라도

오래전 모스크바 신학대학에 출강하여 강의를 몇 번 한 적이 있었다. 낮에는 주로 학부 대상으로 강의를 했고, 저녁엔 러시아 장교들을 대상으로 성경과 교회사를 가르쳤다. 2000년대 초만 해도 소련이 해체된 뒤의 러시아는 경제적으로 무척 어려웠다. 배급을 받기 위해 길에 길게 서 있는 초라한 모습의 사람들을 쉽게 볼 수 있었다.

당시 저녁 강의에 온 장교들은 러시아정교회 교인들도 꽤 있었는데, 사명을 갖고 신학교에 왔다기보다는 직업 학생들이라 볼 수 있다. 러시아 복음화를 위해서 공부하러 온 학생에게 한 달에 100달러씩 줬기 때문에 돈 때문에 온 학생들이 대부분이었다. 실제로 그렇게 돈을 받고 공부하러 왔다가 목사가 되어 사역자가 된 사람도 많이 있었다. 당시 초등학교 교사 월급이 60달러 정도였으니까 한 달에 100달러는 저들에겐 큰 돈이었다.

한 번은 몸을 젖힌 채 강의 듣는 자세가 항상 좋지 않은, 소령 계급장을 단 장교가 강의 시간에 내게 돌발적인 질문을 했다. '한국이 특별히 자랑할 것이 있으면 소개해 보라'는 것이었다. 콧수염이 인상적인 그 장교의 얼굴은 나를 비웃고 조소하는 느낌을 받기에 충분했다. 작은 나라에서 온 강사에게 배운다는 것과 물질의 도움까지 받으며 앉아 있는 자신의 모습에 대국의 자존심이 많이 상했을 것이라고 생각했다. 나는 천천히 그와 눈을 마주치며 말했다.

"내 나라 한국은 수천 년을 가난하게 산 민족입니다. 언제나 외세에 눌려 살았고 자원도 없으며 아무것도 자랑할 것이 없습니다. 무엇보다 우상을 지독하게 섬긴 나라입니다. 우리는 샤머니즘뿐만 아니라 불교도 믿었고 유교도 믿어 보았습니다. 그러나 그 어떤 것도 희망을 주질 못했습니다. 그래서 우리는 100여 년 전에 예수님을 하나님으로 선택했습니다. '여호와를 자기 하나님으로 삼는 백성은 복이 있도다'(시 144:15)라는 말씀대로 예수님을 하나님으로 받아들였습니다. 그리고 우리는 상상할 수 없는 복을 받았고 나누고 주는 나라로 비약적인 발전을 한 것입니다. 대한민국은 아무것도 자랑할 것이 없습니다. 그러나 한 가지 하나님을 잘 믿는 나라임은 자랑할 수 있습니다."

내 말이 끝나고 강의실은 찬물을 끼얹듯 조용했다. 저들에게 격려가 필요함을 느낀 나는, 러시아의 역사를 아는 대로 얘기하면서 어렸을 적부터 동경했던 러시아의 예술과 문학을 얘기했다. 중학생 때 톨스토이의 《인생독본》에 심취한 일과 고등학생 때 도스토옙스키의 책을 거의 다 섭렵했다는 얘기를 할 때는 우레와 같은 박수가 터져 나오기도 했다.

그리고 러시아인들이 푸시킨을 좋아한다는 말을 듣고 준비해 간 푸시킨의 시 한 편을 단숨에 낭송했다. 어렸을 적에 이발소에 가면 액자 안에 똥파리가 붙어 있는 그림과 시 한 편을 흔히 볼 수 있었다. 그때 많은 사람이 '소련'이라는 나라조차 입에 올리기가 두려운 냉전 시대를 살면서 '푸시킨'이라는 시인과 "삶이 그대를 속일지라도"라는 시를 막연하게 알고 있었다. 어릴 때 시골 이발소에 갈 때마다 보면서 그냥 암기한 푸시킨의 시 한 편을 강의 시간에 낭송하면서 이렇게 큰 박수를 받을 줄 어떻게 알았겠는가. 그 이후로 학생들과 급

속도로 가까워졌고 꽤 인기 있는 교수로 인정받기도 했다. 러시아인들에게 푸시킨은 어떤 작가보다 국민적 영웅으로 존경받고 있었다.

> 삶이 그대를 속일지라도 슬퍼하거나 노하지 말라.
> 우울한 날들을 견디면 믿으라, 기쁨의 날들이 오리니.
> 마음은 미래에 사는 것, 현재는 슬픈 것, 모든 것은 순간적인 것.
> 그리고 지나가는 것은 훗날 소중하게 되리니.
> — 삶이 그대를 속일지라도

이것이 19세기 러시아 시인 알렉산드르 푸시킨(1799~1837)이 쓴 시다. 푸시킨은 톨스토이, 도스토옙스키보다 자국민들에게 더 큰 사랑을 받은 대문호다. 그가 살던 시대에 러시아의 왕족과 귀족은 러시아어 대신 프랑스어를 구사했다. 이런 상황이 오래 지속되다 보니 정작 러시아어는 말과 글이 서로 달라서 글을 읽어도 무슨 뜻인지 이해하기 힘들었다. 푸시킨은 그때 말과 글을 일치시켜 많은 사람이 이해하기 쉽도록 글을 쓰기 시작한 작가였다. 더구나 그는 러시아에서도 뼈대 있는 귀족 가문 출신이다. 이런 그가 누구나 이해할 수 있는 러시아어로 글을 쓰기 시작한 것은 농노제로 고통을 겪고 있는 평민의 편에 서겠노라는 선언과도 같았다.

그는 상당히 멋지고 준수한 자신의 외모를 매우 자랑스럽게 생각했다. 외증조부가 표트르 1세 시절의 유명한 장군인 아브람 한니발인데 그의 혈통이라는 것에 큰 자부심을 갖고 있었다. 그러나 이런 그의 신념이나 이상과 달리 서른여덟이라는 이른 나이에 맞은 죽음은, 세간에 알려진 대로라면 너무나 어이없고 허무했다. 망명 온 프랑스군 장교 출신 조르주 단테스와 법으로 금지된 결투를 벌인 것이 죽음으로 이어졌다. 결투를 먼저 신청한 쪽은 푸시킨이었다. 푸시킨의 아내인 나탈리아 곤차로바는 러시아 사교계의 꽃으로 불릴 만큼 미모가 빼어났는데, 단테스가 그녀를 끈질기게 쫓아다니며 구애했다. 신사의 결투에서 먼저 총을 맞은 이는 푸시킨이었다. 아직 숨이 붙어 있는 상태에서 집으로 옮겨졌고, 그가 사경을 헤매는 동안 저택 부근엔 수많은 군중들이 모였다.

  자신이 죽을지도 모르면서 사랑하는 아내를 뺏기지 않겠다는 그의 용맹스러움과 신사의 결투를 신청한 푸시킨이 오늘 갑자기 생각나는 이유가 뭘까? 사랑의 대의를 찾기 힘든 세상에 사랑하는 사람을 위해 자신의 목숨을 던져 버린 그의 믿음의 의리와 용맹함이 오늘 내게도 절실하게 와닿는다. 삶이 그대를 속일지라도 두려워하거나 노하지 말자. 훗날 이 모든 것이 소중한 자산이 되어 우리를 찾을 것이기 때문이다.

📝 좋은 쪽으로 생각하기

하나님은 우리가 세상의 모든 사람과 교제를 나누며 살도록 하지 않았다. 수억의 사람들 가운데 나와 직접적인 관계를 맺고 사는 사람들은 참으로 적다. 내 삶에 영향을 미칠 만한 사람들의 전화번호부를 한번 만들어 보라. 많을 것 같지만 막상 만들어 보면 그렇게 많지 않다. 그러므로 오늘 내 옆에 있는 이웃이나 성도들은 하나님께서 내게 은혜로 만나게 해주신 사람들이라 할 수 있다. 열 사람이 있다면, 이 사람들이 가진 장점을 통해 한 가지씩의 기쁨만 얻는다 해도 열 가지 기쁨을 얻게 된다.

우리는 무엇에나 좋게 보는 훈련이 부족한 것 같다. 아무리 기분 나쁜 일이라 할지라도, 되돌아보고 다시 생각해 보면 얼마든지 좋게 볼 수 있었던 일도 많다. 그러므로 무슨 일이든지 '좋은 쪽으로 생각하기'가 아주 중요하다. 좋지 못한 쪽으로 생각하여 조급한 마음으로 말해 버리거나 급하게 결론을 내리게 되면 결국 후회하거나 부끄러움을 당하는 경우가 많다. 그러나 좋은 쪽으로 생각하여 한 말이나 내린 결론은 문제 될 일이 없다.

어떤 책에서 읽은 이야기다. 한 여인이 비행기를 기다리면서 상점에 들어가 잡지 한 권과 과자 한 봉지를 사 왔다. 아직은 시간이 있어서 대합실에 앉아 잡지를 뒤적이고 있었다. 잠시 뒤 뭔가 부스럭거리는 소리가 나서 눈을 들어 보니, 옆에 어떤 신사가 방금 자기가 놓아 둔 과자봉지를 뜯고 있는 것이 아닌가! 깜짝 놀랐지만 뭐라고 해야 할지를 몰라, 그저 과자를 하나 집어먹었다. 그랬더니 그 남자도 아무 말 없이 하나 집어먹는 것이다. 기가 막혔지만 서로 그렇게 말도 없이 계속해서 하나씩 집어 먹었다. 과자가 하나밖에 남지 않았다. 그 남자는 마지막 과자를 절반으로 쪼개어 반은 봉지에 넣고 반은 자기 입에 쏙 넣더니, 씽긋 웃으면서 자리를 떠났다. 여인은 뻔뻔하게 사라지는 남자의 뒤통수를 보며 '세상에, 저런 강심장도 다 있나?' 하고 생각했다.

잠시 뒤 탑승을 알리는 방송이 나왔다. 비행기를 타고 자리에 앉아서도 그 남자의 뻔뻔한 모습이 계속 아른거려서 기분이 대단히 언짢았다. 그러다가 휴지를 꺼내려고 가방을 열었는데, 글쎄 그 속에 자기가 샀던 과자가 들어 있었다! 아까 여인이 열심히 집어먹은 과자는 실상 그 남자의 과자였다.

여인은 과자를 먹으며 참으로 불쾌하고 불행한 시간을 보냈다. 인생에 주어진 돌이킬 수 없는 시간이었다. 이 경우는 몇 분 후에 진실이 밝혀지기라도 했지만, 인생에 있어서 오랫동안 밝혀지지 않고 오해로 남는 일들도 많다. 기왕에 과자 빼앗기는 것, '이 사람, 성격이 좋구나!' 하고 생각하면서 기분 좋게 줄 수는 없었을까? "이거 제 과자인데요!"라고 말할 수 있는 용기조차 없어서 '다 빼앗기기 전에 나도 열심히 먹자!' 하는 생각으로 속을 부글부글 끓이면서 먹은 과자가 맛이나 있었을는지….

우리에게 일어나는 다툼은 대개가 안 좋게 생각해서 일어나는 일들이다. 좋게 생각하면 아무 일도 아닌 일인데 말이다. 가정에서 일어나는 부부 싸움도 안 좋게 생각해서 얻어지는 열매들이 대부분이다.

사람들은 열심히 일한다. 그리고 열심히 벌어 저축하고 재산을 모으려고 한다. 이유는 '행복하게 살기 위해서'이다. 그러나 행복을 위해서 이보다 더 중요한 것은 '좋은 쪽으로 생각하기'다. 아무리 기분 나쁜 일이라 할지라도 다시 보면 얼마든지 좋게 생각하고 볼 수 있다. 그러므로 무슨 일이든지 좋은 쪽으로 생각하려는 것이 중요하다. 하나님이 우리에게 주신 생각은 '선한(좋은) 생각'이다. 선한 생각은 곧 나를 존재하게 한다. 그래서 나는 다음과 같이 정리하고 싶다.

'나는 좋은 쪽으로 생각한다. 고로 나는 존재한다.'

📝 내려갈 때 보았네, 올라갈 때 못 본 그 꽃

아내와 함께 60회 생일 기념으로 미국 동부지역으로 자유 여행을 떠난 적이 있다. 보스턴과 워싱턴 그리고 뉴욕 맨해튼을 중심으로 여행했던 일들이 생각난다. 특히 센트럴 파크 공원 잔디에서 뭉게구름이 피어 있는 하늘을 같이 누워 감상했던 일을 잊을 수가 없다. 동네 앞 호수를 끼고 누워 있는 그 여유로움이라니. 브로드웨이 42번가에서 '오페라의 유령'을 예매하고 시간을 기다리며 쉐이크쉑에서 햄버거를 시켜 먹으며 아내와 함께 창가에 앉아 이야기꽃을 피웠다. 그리고 오고가는 사람들을 바라보는 재미도 괜찮았다.

그러다 사람들이 얼마나 빨리 걷는지 보고 깜짝 놀랐다. 내가 볼 때 서울 사람보다 확실히 더 빨리 걷고 있었다. 그때 나는 저 많은 사람들이 어디를 저리 바쁘게 가는 걸까 생각했다. 정말 무서운 속도로 걷고 있었다. 그 많은 인파 속에 여유 없이 살아온 내 자신이 보였다. 그리고 나도 모르는 사이에, 마라톤 선수가 42km를 달리고 남은 0.195km 메인 스타디움을 보며 혼신의 힘을 쏟듯이, 나도 남은 사명을 위해 최선을 다해야겠다고 생각했다.

내가 사는 동네 분적산에 오를 때마다 생각나는 시 한 편이 있다. 고은 시인의 '그 꽃'이다. "내려갈 때 보았네. 올라갈 때 못 본 그 꽃." 사실 그렇다. 땀을 흘리며 운동을 해야 한다 생각하고 열심히 오를 때면 거의 주변을 보지 못한다. 그러나 땀을 식히며 천천히 하산할 때는 제법 보이는 것이 많다. 물 오른 나무와 어우러진 이름 모를 꽃들이 보인다. 편백나무 숲 너머로 날아가는 새소리도 들린다.

그리고 사색한다. 이런저런 생각을 하며 여유를 부려 볼 수 있는 것은 역시 내려올 때이다.

참으로 사람들이 바쁘게 달려가고 있다. 너무 앞만 보고 달리는 통에 하나님이 주신 아름다운 삶의 경치를 보지 못한 채 살아간다. 빨리 달리느라 아름답게 지저귀는 새소리도 듣지 못하고 저녁에 집에 들어와 감사의 두 손을 모아 보기도 전에 곯아떨어진다. 그래서 성공은 했으나 행복하지 못하고, 목표를 이루었으나 자신을 잃었다. 그러나 더 큰 문제는 짧은 인생 바쁘게 사느라, 정작 영원한 생명을 잃어버리는 것이다. 육체는 살리고 영혼은 죽는다. 열심히 인생을 달리기만 하느라 동네마다 서 있는 십자가 한번 제대로 쳐다보지 못한다. 빨리만 달릴 것이 아니라, 주위의 경치도 즐기면서 가는 인생이고 싶다. 감사의 꽃에서 나는 향기를 맡으면서 살고 싶다. 잠시 내 갈 길을 멈추고 남을 위한 봉사의 수고로 땀을 흘릴 수 있는 여유로운 인생으로 살고 싶다. 인생의 길은 빨리 달려야만 좋은 것은 아니다. 뉴욕에서 분적산을 생각한다.

📝 구두 찾기 4행시

어떤 분이 인생은 "구두 찾기"라고 말했다. 내 발에 꼭 맞는 구두를 찾아야 인생을 아름답고, 보람 있게 살 수 있다는 말일 것이다. 그러나 그분은 "구두 찾기"라는 말에 또 다른 의미를 더하고 있었다. 곧 "구두 찾기 4행시"였다.

구 - 구하라
두 - 두드리라
찾 - 찾으라
기 - 기다리라

이른 아침 아파트 마당에서 이제 네 살이나 됨직한 여자아이 하나가 커다란 어른 구두를 신고 있었다. 그 큰 신발을 질질 끌면서 걷는데 두 발을 채 떼지 못하고 넘어지고 또 넘어졌다. 그래도 일어서서 걷고 또 일어서서 걷기를 반복하였다. 물끄러미 그 아이를 쳐다보며 '도전 정신'을 생각했다. '내게는 저 어린아이와 같은 도전 정신이 있는가?' 자문해 보면서 돋아나는 싹과 시들어가는 낙엽이 오버랩되었다. 내 삶이 바로 저 아이와 같다는 생각을 하고 있는데, 웬 아가씨 한 사람이 뛰어오더니 "아유, 나 미쳐, 나 미쳐! 애 때문에 미치겠어 미쳐!" 하면서 아이를 번쩍 안고 아파트 안으로 들어갔다. 아마도 고모나 이모쯤 되는 듯싶었다. 뭘…우리도 다 그렇게 살면서….

사람들은 누구나 열심히 구하고 두드리고 찾는다. 그러나 구하고 두드리는 대로 하나님께서 다 허락해주지 않는다. 얻지 못할 때가 있다. 왜일까? 내 발에 맞지 않는 신발을 구하고 찾고 두드리기 때문이다. 그 신발을 신고 넘어지고 자빠지며, 고달픈 인생길을 걸어갈까 봐 주시지 않는 속깊은 사랑이다.

이제는 구하고, 두드리고, 찾은 후에 기다려야겠다. 그분의 뜻을 헤아리면서 결코 나의 인생길에서 내 발이 부르트지 않도록, 쉽사리 넘어지지 않도록 내게 꼭 맞는 구두를 준비하고 계신 그분을 신뢰하기 때문이다. 설령 거절하시더라도 내게 더 유익한 것을 준비하실 그분을 기대하며 감사할 일이다.

잘 아는 이야기 하나가 생각난다.

어떤 농부가 큰 호두나무 그늘에 앉아 쉬다가 옆에 있는 호박을 보고 "하나님도 참! 저렇게 큰 호박이 왜 약한 덩굴에 달리게 하셨담. 저 높은 곳엔 작은 호두가 달리게 하셨고…"라고 중얼거린 후 잠이 들었다. 조금 후 호두 하나가 뚝 떨어져 농부의 머리를 때렸다. 농부는 화들짝 놀라 일어나며 말했다.

"저 큰 호박이 높은 곳에 달렸었다면 큰일 날 뻔했구나. 작은 호두를 높은 곳에 두신 하나님, 감사합니다."

나의 인생길에 내게 꼭 맞는 구두를 주시기를 원하시는데, 우리는 어린아이와 같이 큰 구두만 신겠다고 아우성을 치며 살고 있지는 않는지 모르겠다.

삶은 어떤 관점에서 해석하며 사느냐가 무엇보다 중요하다. 삶을 비관적으로 생각하며 사는 사람이 있고, 내일의 희망을 바라보고 인내하며 기다릴 줄 아는 사람이 있다.

오늘은 교회 창립일이다. 내 인생 황금기를 이곳 유일교회에 쏟았다. 산전수전 겪으며 수많은 날들을 주님의 은혜로 살았다. 무엇보다 여기까지 함께한 동역자들을 붙여주신 주님께 감사드린다. 코로나의 종착점을 보며 앞으로 더 좋은 날들을 예비하시고 채워주실 주님을 기대한다. 지금 이 "구두 찾기"가 가장 필요한 때다.

네 번째 에피소드

더불어 사는 이웃

📝 천만금을 주고 산 이웃

아무리 좋은 집, 편리한 교통, 쾌적한 환경에 거한다 해도 매일 몇 번씩 마주쳐야 하는 이웃이 정말 내 마음에 들지 않는다면 하루를 살아도 마음이 편하지 못할 것이다. 그래서 이웃이 정말 중요하다.

박재희 교수가 쓴 《손자병법과 21세기》에 보면 '천만금을 주고 산 이웃'이라는 글이 있다. 이 글에 중국 남북조 시대의 남조 역사서인 《남사》를 소개하면서 천만금으로 이웃을 산 '송계하'라는 사람의 이야기를 들려준다.

고위 관리로 살다가 정년퇴직한 송계하는 자신이 살 집을 보러 다녔다. 그리고 어느 날 천백만금을 주고 여승진이라는 사람의 옆집을 사서 살았다. 집값이 백만금밖에 안 되는 데, 집값을 천백만금이나 지불했다. 여승진이 송계하에게 그 이유를 물었을 때 그의 대답은 간단했다. "백만매택(百萬買宅)이요 천만매린(千萬買隣)이라." '백만금은 집값으로 지불했고, 천만금은 당신과 이웃이 되기 위해 지불한 것'이라는 말이다. 좋은 이웃과 함께하기 위해 큰 값을 치른 송계하에게 여승진은 감동하지 않을 수 없었다.

"해내존지기(海內存知己) 천애약비린(天涯若比隣)"라는 말이 있다. '이 세상 어딘가에 나를 알아주는 사람만 있다면 어느 하늘 아래 있어도 당신은 나의 영원한 이웃이다'라는 뜻이다. 당나라의 문장가 왕발의 '이별'이라고 하는 시에 나오는 구절이다. 어느 하늘 아래 있든지 나를 알아주는 친구가 이 땅에 있다는 사실 하나만으로도 나는 행복할 수 있다.

가끔 새벽이나 한밤중에 국제전화를 받는다. 밤중에 걸려 오는 전화는 거의 위급한 전화라서 깜짝 놀라 받으면 "목사님, 접니다. 잘 살아 계시지요? 끊을게요" 한다. "잠깐만요, 무슨 일이기에 잠을 깨 우고…"라고 물어 보면 "살아 있으면 됐어요. 목사님 목소리만 들어도 살 것 같아서 전화했습니다"라고 말하고는 바로 끊는다.

내 마음을 알아주고 나의 존재를 인정해 주는 어떤 한 사람이 이 땅에 있다는 것만으로도 나는 행복할 수 있다. 천만금을 주고라도 살 수 있는 이웃이 있다면, 지금 가장 가치 있고 소중한 인생을 살고 있는 것이다. 좋은 이웃은 저절로 생기지 않는다. 비싼 대가를 지불하고 내가 사야 한다. 내게 정말 소중한 사람이라면 절대 그 사람을 놓쳐서는 안 된다.

전쟁을 위해서 미리 전략을 짜는 것처럼, 좋은 이웃, 좋은 사람을 얻기 위해서 우리는 대가를 지불해야 한다. 저절로 좋은 만남이 있으리라고 생각해선 안 된다. 영화처럼 만났다가 원수 되어 헤어지는 부부가 많다. 가정들이 특별한 이유 없이 해체되기도 한다. 가정을 지키는 일 하나도 기도해야 하고 참아야 하고 용서해야 하며 관리해야 한다. 저절로 만들어지는 것은 하나도 없다.

대학생 천 명을 대상으로 '무엇을 제일 갖고 싶은가'를 물었더니 '나는 감동을 받고 싶다'라는 대답이 제일 많이 나왔다고 한다. 우리 시대는 감동에 굶주려 있다. 사람은 감동이 있어야 살 수 있다. 감동을 주고받으면서 사는 것이 삶의 힘을 공급한다. 큰 것을 주어야 감동이 있는 것은 아니다. 작은 정성, 작은 배려가 큰 감동을 가져온다. '주는 것이 받는 것보다 복되다'라는 주님의 말씀이 생각나는 계절이다. 오늘도 내가 좋은 이웃이 되기 위해 최선을 다하는 하루가 되길 기도한다.

📝 티핑 포인트(tipping point)

일본의 후나이 유키오가 지은 《백 마리째 원숭이가 되자》라는 책이 있다. 1950년 일본의 미야자키현 고지마라는 무인도에 원숭이들이 있었다. 주로 고구마를 먹고 살았는데, 고구마를 뽑아 흙을 손으로 털어내고 먹었다. 어느 날 한 살 반짜리 젊은 원숭이 한 마리가 강물에 고구마를 씻어 먹기 시작했다. 그러자 다른 원숭이들이 하나 둘 흉내내기 시작했고, 고구마를 씻어 먹는 행위가 새로운 행동 양식으로 정착되었다. 그런데 놀랍게도 고지마 섬 이외 지역의 원숭이들 사이에서도 똑같은 행위가 동시다발적으로 나타났다. 서로 접촉도 의사소통도 할 수 없는 상황에서 마치 신호를 보내기라도 한 것처럼 정보가 흘러갔다.

연구 결과, 그 종족에 도움이 되는 어떤 발전이 일어나면 그것이 그 무리 전체에 퍼지는데, 100마리에게 퍼지면 거리나 공간에 관계없이 전 종족에게 퍼진다는 것이다. 이 현상을 가리켜 '100마리째 원숭이 현상'이라고 말한다. 그리고 많은 동물학자와 심리학자가 여러 가지 실험을 한 결과, 이 학설은 원숭이뿐 아니라 인간을 포함한 포유류나 조류, 곤충류 등에서도 볼 수 있는 현상이라는 것이다.

지난번 기독공보 '주간논단'에 실린 "우리는 흐르고 있는가, 행진하고 있는가?"라는 글은 변화와 개혁을 기대하는 모든 사람의 공감대를 형성하는 데 신선한 도전을 주었다. 총회 장기발전연구위원회가 주님이 원하시는 새 판을 짜준다면 바닥을 치고 있는 총회나 교회 이미지에도 새 바람이 불 수 있다고 생각한다. 100마리째 원숭이가 필요하다.

한기총이 사고를 치고 있는 동안 그 모든 불이익은 한국교회 전체가 짊어지고 있다. 한두 사람의 노욕이나 명예욕이 목양일념으로 헌신하는 대다수 목회자를 불신의 도매금으로 넘기고, 성도들의 깊은 장탄식을 들어야 하는 안타까운 현실이 되었다. 이 시대의 화두는 '진정성'이다. 한때 불어닥친 안철수 신드롬은 교회 안에서도 예외일 수 없다. 누구와 만나든 이대로는 안 된다는 것이 모든 이들의 정서다. 100마리째 원숭이가 절실한 때다.

세상의 가치관이나 구조는 '깨달은 10퍼센트'에 의해 바뀐다고 한다. 그래서 10퍼센트의 사람이 깨달으면 사회가 바뀌고, 10퍼센트의 나라가 바뀌면 세계가 바뀐다. 시공을 초월한 공명 현상이 작용하기 때문이다. 그러나 그 10퍼센트도 처음에는 한 사람으로 시작된다. 처음 한 사람이 시작할 때는 그 효과가 미미하다. 한 사람씩 한 사람씩 늘어간다 해도 10퍼센트가 되기까지는 답답할 수도 있다. 그러나 10퍼센트에 이르기만 하면 이것이 티핑 포인트가 될 수 있다. 마치 처음에는 대수롭지 않게 빙빙 돌던 바람이 어느 순간에 거대한 회오리바람으로 변하여 집을 뽑아 올리는 힘을 가지는 것처럼.

처음에는 천천히 진행되다가 어느 순간 '탁' 하고 터지는 극점이 있는데, 그 순간을 가리켜서 '티핑 포인트'(tipping point)라고 한다. 그런데 대부분이 티핑 포인트에 이르기 전에 포기한다고 한다. 그러므로 무슨 일이든지 시작이 미미하다고 실망하지 말아야 한다. 여리고 성이 무너지는 티핑 포인트는 일곱째 날 일곱 번째 돌았을 때였다.

먼저 내가 100마리째 원숭이라도 되기 위해 부단히 노력하는 사람이 되길 다짐한다.

진짜 행복하십니까?

기자가 어느 대형 교회 목사님을 찾아가서 "행복하십니까?"라고 물었다고 한다. 당연하게 행복하다고 대답했는데, 기자는 "진짜 행복하십니까?"라고 기습적으로 재차 질문을 했다. 목사님은 두 번째 질문 '진짜 행복하냐'라는 말에 순간 당황했다. 그리고 이어서 고백했다. "행복하긴 한데, 사실은 살얼음판을 걷고 있는 행복입니다." 그 목사님은 중대형 교회들이 속절없이 무너지고 존경받는 선배들이 각종 스캔들에 연루되어 추락하는 모습들을 보면서 '다음엔 내 차례인가?' 하는 두려움이 있었다고 한다.

몇 해 전 연예인들의 자살 사건으로 사회가 시끄러울 때, 교회에서 강도 높은 자살 예방 설교를 한 적이 있다. 예배를 마치고 목회연구실에서 다음 예배를 준비하고 있을 때 한 성도가 찾아와서 "죄송하지만 자살에 관한 설교를 안 할 수 없습니까?"라고 부탁을 했다. 사연인즉 고등학교 교사인 동생이 아무 이유도 없이 학교 화장실에서 목을 매고 자살했다는 것이다. 목사님이 아무리 좋은 의도로 설교를 한다고 해도 자살 얘기만 나오면 너무 괴로워 머리가 하얘지면서 설교가 들리지 않는다는 것이다. 그 뒤로 자살에 대한 설교를 마음대로 하지 못한다.

예전에는 이혼해서는 안 된다고 침을 튀기면서 설교했다. 그런데 요즘은 이혼 가정이 늘었다. 그러다 보니 돌싱(돌아온 싱글)으로 교회에 앉아 있다가 이혼해선 안 된다는 설교에 상처를 받고 가는 사람들도 종종 있다. 그리고 손주 얘기를 예화로 자주 사용하는 것도 조심해야 한다. 아이들 얘기만 나오면 아이를 갖지 못한 불임 부부들이 힘들어하기 때문이다. 교회를 쉽게 옮겨선 안 되고 신앙의 뿌리를 건강하게 내려야 한다고 했는데 우리 교회에도 이동 교인들이 많이 보이니, 이 모순은 또 어떻게 극복할 것인가. 그래서 어느 날부터인지 상처 입은 사람들 입장에서 생각하면서 나는 설교 원고를 몇 번이고 꼼꼼히 들여다 보는 습관이 생겼다.

최윤희 씨라고 유명한 '행복 전도사'가 있었다. '자살'을 거꾸로 읽어 '살자'로 바꾸자며 희망의 메시지를 주던 사람이다. "밥은 굶어도 희망을 굶으면 안 된다"라고 말하던 그녀가 희귀병을 앓으며 견딜 수 없는 고통에 결국 죽음의 길을 택했고, 그의 남편까지 따라서 자살하여 사회에 큰 충격을 주었던 일을 기억한다.

사람들은 행복하지 못하다. 열등의식, 소외감, 상처, 쓴 뿌리가 많다. 세계보건기구에서 우울증은 '자살에 이르는 뇌질환'이라고 이미 정의를 내렸다. 오늘도 발코니를 서성거리며 죽음을 생각하고, 법정을 오가며 이혼을 서두르는 사람이 많다. 서로 상처를 주기도 하고 받기도 하며 공동체에서 적응하지 못한다.

〈태양의 후예〉라는 드라마가 시청률 40퍼센트에 육박하며 방영된 적이 있다. 낯선 땅 극한의 환경 속에서 사랑과 성공을 꿈꾸는 젊은 군인과 의사들을 통해 삶의 가치를 담아낸 휴먼 멜로 드라마다. 나는 다시 보기를 통해 인상적인 대사 몇 줄을 받아 적었다. 강모연(송혜교 분)이라는 의사가 "나는 사람을 살리기 위해 일하는데 왜 당신은 사람을 죽이는 일을 합니까?"라고 질문할 때 유시진(송중기 분)이라는 군인이 "나는 사람을 살리기 위해 죽입니다"라고 대답했다. 의 사는 이 말을 받아 천금 같은 말로 응대했다. "생명은 존엄하고 그것을 넘어설 가치는 이 세상에 없습니다." 나는 이 말에 무릎을 탁 쳤다. 그렇다. 생명을 주는 게 시대의 대안이다.

태초에 흑암, 혼돈, 공허가 있었고 하나님의 신은 수면 위를 운행하고 계셨다. 그리고 말씀하셨다. "빛이 있으라!" 빛은 곧 생명이다. 어둠이 빛을 한 번도 이겨 본 적이 없다. 닭이 알을 품듯 하나님이 세상을 품으셨다. 하나님은 한 번도 실수하신 적이 없으시다. 우리를 배 속부터 안았고 업어서 인도하신 하나님이 태초부터 지금까지 함께하신다는 것을 믿는다면, 우리는 이 질문에 자신 있게 대답할 수 있을 것이라 생각한다.

"진짜 행복하십니까?"

📝 1%의 행복 – 항·쉬·범

행복은 우리의 마음먹기에 달렸다. 어떤 상황이나 조건 때문에 행복하고 불행한 것이 아니다. '나의 마음가짐'이 행복과 불행을 결정한다. 마음은 몸을 지배하고 다스린다. 덥다고 짜증을 부리면 몸도 마음도 상하게 된다. 가족 중 한 사람이 신경질을 부리면 나머지 가족들까지 신경질을 부리게 되며 부정적 바이러스가 모든 가족에게 번져서 기분을 망치게 한다. '자살'이라는 글자를 반대로 하면 '살자'가 되며, 영어의 '스트레스'(stressed)를 반대로 하면, '디저트'(desserts)란 말이 된다는 글을 어디선가 본 적이 있다. 나폴레옹은 유럽을 제패한 황제였지만 "내 생애 행복한 날은 6일밖에 없었다"고 고백했고, 헬렌 켈러는 "내 생애 행복하지 않은 날은 단 하루도 없었다"는 고백을 남겼다.

마음먹기에 따라 '천국'과 '지옥'이 '오르락' '내리락' 한다. 이 땅에 태어난 모든 사람들은 행복을 누리고 살 권리가 있다! 그러므로 우리는 절대로 행복해야 한다.

사람들이 자꾸 행복하냐고 묻는다. 저울에 행복을 달았을 때, 불행과 행복이 반반이면 저울이 움직이지 않지만, 불행 49%에 행복 51%이면 저울이 행복 쪽으로 기울게 된다. 행복의 조건에는 이처럼 많은 것이 필요 없다. 우리 삶에서 단 '1%'만 더 가지면 행복하게 된다. 어느 상품명처럼 2%가 부족하면, 그건 엄청난 기울기이다. 때로는 나도 모르게 1%가 빠져나가 불행하다고 느낄 때가 있다. 더 많은 수치가 기울기 전에, 약간의 좋은 것으로 다시 얼른 채워 넣어 행복의 무게를 무겁게 해 놓곤 한다. 약간의 좋은 것 1%가 우리 삶에서 아무것도 아닌 아주 소소한 것일 수도 있지만 결과는 하늘과 땅 차이다.

기도할 때의 평화로움, 따뜻한 아랫목, 친구의 편지, 좋았던 추억, 감미로운 음악, 파란 하늘, 태양, 달, 별, 나무와 꽃들, 그리고 잔잔한 그리움까지 팽팽한 무게 싸움에서는 아주 미미한 무게라도 한쪽으로 기울기 마련이다. 단 1%가 우리를 행복하게, 또 불행하게 한다.

나는 오늘 그 1%를 행복의 저울 쪽에 올려놓았다. 그래서 '행복하냐?'라는 질문에 웃으며 대답했다.

"네, 행복합니다!"

바로 그 행복을 '범사에 감사하라'는 말씀에서 찾는다.

'범사에 감사하라'는 의미는 곧 '어떤 형편에 처하든지, 모든 일에, 무슨 일이 일어나도 감사하라'는 뜻이다. 한마디로 인생의 양지에서도, 인생의 음지에서도 동일하게 감사하라는 것이다. 범사 속에는 긍정과 부정이 함께 들어 있다. 인간의 온갖 희비가 다 들어 있는 것이 범사다. 그렇지만 '범사 감사'는 긍정과 부정을 초월해서 절대 긍정을 만들어 내는 것을 말한다. 그것은 영적인 차원이고, 하나님의 관점에서 하나님의 눈으로 볼 때만 가능한 것이다. 주님께서 평생 감사의 삶을 우리 모두에게 의무로 주셨다. 많은 사람들이 예수를 믿으면 모든 일이 잘되고 형통할 것으로 착각하여 늘 감사할 수 있을 것이라 생각하지만, 막상 그렇지 못한 황당한 일들을 만날 때 왜 그런가 하면서 의아해하기도 한다.

그러나 성경은 예수를 믿는다고 항상 좋은 일만 일어난다고 말하지 않았고, 오히려 고난과 역경을 당할 때조차도 범사에 감사할 것을 교훈하고 있다. 범사에 감사는 물리적으로 불가능한 일이다. 범사에 감사는 어떤 상태를 얘기하는 것이 아니다. 나는 그것이 삶의 지향성에서 비롯됐다고 본다. 나침판은 아무리 흔들려도 북극을 지향한다.

그러므로 상태가 아닌 지향성이 중요함을 아는 것이 중요하다. 아무리 힘들어도 지향하는 목표가 분명하면 범사에 감사할 수 있다.

📝 봄꽃은 부활이다

올봄은 유난히 꽃들이 앞다퉈 핀다. 예년엔 목련이 피고 나서 벚꽃이 피는데, 금년에는 교회 마당의 목련보다 길가의 벚꽃이 먼저 피었다. 어찌 됐든 꽃이 피면 되는 것 아니냐고 하면, 누구도 할 말이 없다. 그렇다. 꽃은 피는 것이 사명이다. 요즘은 철쭉도 붉게 물들어 동네를 덮어 간다. 꽃은 희망이다. 죽은 가지에서 잎이 나오기도 전에 꽃이 피는 것은, 죽음에서의 희망을 온 천지에 보여 준 것이다. 꽃을 볼 때마다 흑암을 이기고 부활하신 주님이 생각난다.

그러나 자연의 신비로운 이치만 보아도 알 수 있는 부활 신앙을, 불행하게도 예수님을 믿는다고 하면서도 믿지 못하는 사람들이 많다. 신앙고백과 절차를 밟아 신학을 공부하고도 부활을 믿지 못하는 사람이 더러 있다. 신학을 공부하고 박사 학위를 받고 신학대학에서 학생들을 가르치지만 부활을 믿지 않는 사람들도 있다. 그러고도 마치 부활을 믿는 것처럼 위장하고 밥벌이를 하는 사람도 있다. 그런 사람들이 더러 있다는 것은 참으로 유감스럽다.

19세기 독일 신학자 파울루스는 "예수님은 십자가에서 완전히 죽지 않고 무덤 안에서 혼수상태로 있다가 소생해서 무덤에서 나와 제자들 앞에 나타났다"라고 말했다. 역시 독일 신학자인 스트라우스는 "제자들이 예수님을 너무 사랑한 나머지, 실제로 부활하지 않았으나 마음속에서 부활한 것처럼 믿음과 환상으로 본 것이다"라고 말했다. 그러나 부활을 믿지 않으면 성경을 믿지 않는 것이다. 창세기 1장 1절 '태초에 하나님이 천지를 창조하신 것'부터 믿지 못하는 것이다. 천지를 창조하신 분이 죽었다가 다시 살아나지 못하겠는가? 박은주 씨의 《십자가의 진실》(두란노, 2008)에 이런 글이 나온다.

> 예수님의 부활을 부인하려는 사람들의 노력에도 불구하고 예수님의 부활은 우리에게 충분한 증거를 남겼습니다. 많은 채찍을 맞고, 십자가에 달려 피를 쏟고, 창에 찔려 물과 피를 쏟은 예수님이 죽지 않고 기절만 할 수 있을까요? 유대의 장례법상 몰약에 적신 세마포로 시신을 고치처럼 둘둘 말아 쌌습니다. 세마포로 둘둘 말았기 때문에 죽지 않고 설령 기절했다고 해도 매장 전에 질식하여 죽을 수밖에 없습니다.

입관하는 것을 보았는가? 베옷을 입히기 전에 구멍이라는 구멍을 다 막는다. 살았다 해도 질식해서 일어날 수가 없다. 나는 장례식 때 고인을 꽁꽁 묶는 것을 볼 때마다 '살아날까 봐 묶는 걸까' 하는 생각을 한 적이 있다. 따라서 십자가의 형벌을 받은 죄인이 생존할 가능성은 없다. 이것은 현대 의학으로도 충분히 증명된다. 현대 의학은 오히려 성경에 기록된 것이 사실임을 더 강조할 뿐이다.

지금 이 시간에도 죽음을 향해 가는 사람이 있는가 하면, 영생의 길을 향해 가는 사람이 있다. 죽음의 길을 향해 가는 사람은 "죽으면 끝"이라고 말한다. 죽으면 정말 끝인가? 하나님은 모든 사람에게 영원을 사모하는 마음을 주셨다. 죽으면 끝이 아니라는 것을 안다. 그러나 죽으면 끝이라고 생각하며 사는 사람들이 있다. 그런 인생은 영원을 향한 삶이 아니다. 예수를 믿는다고 하는 우리는 영원히 사는 삶의 자리에 앉기를 바란다.

　종말이 될수록, 예수 믿고 싶지 않은 일들이 많아진다. 교회를 멀리하고 싶은 일들이 많아진다. 성경을 집어던지고 싶게 하는 일이 많아진다. 세상은 점점 더 캄캄해져 간다. 그러나 흑암이 깊어진다는 것은 새 아침이 밝아 온다는 증거이기도 하다. 그러므로 어떤 경우에도 낙심하지 말고 사시기 바란다.

　부활을 믿는 사람은 죽음을 찾으면 안 된다. 죽음을 얘기하지 말라. 절망을, 낙담을 얘기하지 말라. 자살을 생각하지 말라. 부활을 믿는 사람은 산 얘기를 해야 한다. 소망을 말해야 한다. 희망을 말해야 한다. 하나님이 함께 계심을 믿으며 살기를 바란다.

　부활하신 예수님을 믿는 자는 이미 승리자이다. 부활을 믿는 자는 이미 하나님 나라의 백성이다. 이미 영생의 주인공이다. 가정, 일터 등 모든 곳에서 버림받은 것 같은 외로움, 목마른 고통, 캄캄한 어둠에 갇힌 것 같은 절망이 있다 해도, 모든 것이 끝난 것 같고 죽음 같은 상황에서도 죽음을 이기고 부활하신 예수님을 믿는 믿음으로 사시기 바란다.

　더러운 이야기, 절망의 이야기, 목마른 이야기, 캄캄한 이야기를 할 시간이 없다. 우리는 저 높은 곳을 향하여 가는 믿음의 사람들이다. 승리의 사람으로, 소망의 사람으로, 천국 가는 사람으로 사시기를 축복한다.

📝 밝은 것이 좋습니다

밝은 것이 좋다. 어두우면 싫다. 밝은 것을 생각하고 밝은 것을 말하며 사는 것이 중요하다. 사람을 만날 때도 마찬가지다. 어두움에 속박되어 사는 사람은 왠지 느낌이 좋지 않다. 그러나 희망을 얘기하는 사람을 만나면 기분이 좋다. 이것은 우리가 인정하든 안 하든 자신도 모르게 받고 사는 영향력이다.

성경을 볼 때마다 항상 감사한 것은, 하나님이 빛을 제일 먼저 만드셨다는 사실이다. 세상이 흑암, 혼돈, 공허 가운데 있을 때 "빛이 있으라" 선포하셨고 그대로 되었다. 혼돈 가운데 있던 나의 삶도 빛 되신 주님을 만나면서 새로운 여명의 햇살이 다가오기 시작했다. 그래서 나는 밝음을 좋아한다.

어두운 생각을 하면 인생이 어두워지고, 밝은 생각을 하면 삶이 밝아진다. 현실은 직시하되 비관적이지 말아야 한다. 사람의 생각은 사실 아닌 것을 사실인 것처럼, 사실인 것을 사실이 아닌 것처럼 느끼게 만든다.

오른쪽 다리가 약간 마비되는 듯한 증세 때문에 병적인 공포심을 가진 사람이 있었다. 이 사람은 늘 "이러다가 한순간에 마비되고 말 거야"라고 중얼거렸다. 어느 날 부인과 함께 어떤 모임에 참석했는데, 식사 도중 오른쪽 다리를 슬쩍 꼬집어보았다. 그러고는 슬픈 목소리로 중얼거렸다. "결국 내 다리가 마비되고야 말았어!" 그러자 부인이 귓속말로 속삭였다. "여보, 지금 당신이 꼬집고 있는 것은 내 다리예요." 평소의 생각이 분별력을 마비시킬 수 있는 것이다.

그런데 사람은 생각하는 것을 말하게 되어 있다. 그 사람의 생각이 밝으면 말도 밝고 긍정적으로 말하게 되고, 생각이 어두우면 말도 어둡고 부정적으로 말하게 되는 법이다. 그러나 또 그 반대일 수도 있다. 말을 밝게 하다 보면 그 생각이 밝아질 수도 있다. 왜냐하면 긍정적이고 밝은 말은 듣는 사람과 주위를 밝게 만들고, 그 빛은 곧 자신의 마음을 비추어 밝게 만들기 때문이다.

가문을 제법 자랑하는 두 양반이 어느 날 장터에 있는 정육점에 함께 갔다. 그중 한 사람이 "이봐, 쇠돌이! 고기 한 근 주게!" 하자, 정육점 주인이 고기 한 근을 싹둑 베어 봉지에 담아 주었다. 이어서 다른 한 사람도 "여보게, 김 서방! 나도 고기 한 근 주시게나!"라고 했다. 그런데 아까 고기 한 근보다 더 컸다. 그것을 보고 먼저 고기를 산 양반이 "아니, 고기 한 근의 크기가 다르잖아?" 하면서 따졌다. 그러자 정육점 주인이 말했습니다. "그것은 고기를 베어 낸 사람이 달라서 그렇습니다. 먼저 고기는 '쇠돌이'가 베었고, 지금 고기는 '김 서방'이 베었습니다."

기왕이면 밝고 친절하게 말하자. 그러면 내가 밝아지고 내 생각이 밝아진다.

그런데 요즈음은 밝고 친절한 말을 해도 어두움이 걷히지 않는 경우가 종종 있다. 과학의 발달로 전등불은 더욱 밝아져 가고 있는데도, 세상은 점점 더 어두워져 가고 있다. 말도 어둡고 생각들도 어두워져 가고 있다.

어떤 사람이 이사를 했다. 김이 모락모락 나는 시루떡을 그릇에 받쳐 들고 이웃 아파트 초인종을 눌렀다. "옆집인데 오늘 이사 왔어요." "그래서요?" "떡 좀 드셔 보시라구요." "우린 떡 안 먹어요." 차갑게 인터폰의 소리가 뚝 끊어지고 말았다. 밝은 마음으로 나섰던 아주머니의 마음은 그만 한없이 어두워지고 말았다. 이런 때는 어떻게 해야 할까? 그래도 다음번에는 과일을 가지고 가서 "시골에서 보내온 것인데 좀 드세요!" 하면서 그 집 초인종을 다시 누를 수 있었으면 좋겠다.

어느 날 꾀꼬리가 풀이 죽어 있는 것을 보고 현자가 "왜 요즘은 노래하지 않니?" 하고 물었다. 꾀꼬리가 불평하며 "개구리 소리가 하도 커서 제 소리가 소용없잖아요?"라고 했다. 그러자 현자는 "네가 조용히 있으니까 개구리 소리가 더 크게 들리는 거야"라고 말했다. 세상이 악하다고 침묵하거나 불평만 하는 것은 바람직하지 않다. 가장 소중한 일은 탄식 소리가 나는 곳에 가서 내가 희망찬 노래를 부르는 것 아닐까? 세상이 어떠하든 나는 소중한 뜻을 품고 살겠다고 결심하고 실천하면 얼마나 좋을까? 비전 있는 사람이란 겨울과 같은 상황에서도 봄을 노래하면서 봄을 준비하는 사람이 아니겠는가?

큰 것에 길들여진 우리의 마음에 진리를 추구하는 삶이 작아 보일 때가 있다. 그러나 결국 그러한 삶이 세상의 탄식을 잠재울 것이다. 그 꿈을 꾸어 보자. 그리고 헌신해 보자. 길거리에 떨어진 종이라도 주워 보자. 꿈은 꿈꾸는 자들의 헌신을 통해 이루어진다. 비전이 있는 사람이 취하는 작은 몸짓의 중요성을 잊지 말아야 한다. 우리가 작은 몸짓으로라도 아름다운 세상을 만들기 위해 꾸준히 노력한다면, 그런 노력들이 하나의 흐름이 되어 탄식은 곧 생명의 노래가 된다.

성공하기를 간절히 바라는 사람이 성공하는 것처럼, 무한하신 하나님의 능력을 의지하고 믿고 꿈을 가지고 미래를 그리며 나아갈 때 그렇게 되는 날이 오고야 만다. 꿈은 한밤중에만 꾸는 것이 아니다. 우리가 깨어 있을 동안에도 꿈꾸는 일은 가능하다. 우리는 꿈꾸는 사람이 자신의 뜻을 성취하는 것을 자주 목격한다. 그러나 꿈이 없으면 개인도 민족도 망한다.

하나님은 꿈꾸는 사람들을 통해 일하신다. 하나님은 꿈꾸는 사람을 통해 복을 주신다. 우리가 십자가를 통해 나아갈 때 아브라함에게 임했던 꿈이 나의 꿈이 되고 나의 복이 되는 시발점이 된다. 이런 기초 위에 우리가 분명한 목표를 설정하고 고백하고 바라보며 감사하는 행위를 함으로써 우리의 꿈이 성취된다.

📝 희망을 만드는 사람들

어떤 사냥꾼이 개 30마리를 데리고 사냥을 나갔다. 산에서 토끼 한 마리를 발견했다. 30마리의 개가 쫓아가는데 토끼가 얼마나 잘 뛰는지 개들이 따라가지 못했다. 얼마쯤 지나고 나니까 29마리는 지쳐서 숨을 헐떡거리며 쫓기를 포기했다. 그런데 한 마리는 그 토끼를 놓치지 않고 끝까지 쫓아가고 있었다.

그 한 마리와 다른 29마리의 차이가 뭘까? 사냥꾼이 연구를 했다. 어떤 차이가 있을까? 포기한 29마리와 끝까지 사냥감을 쫓아간 그 한 마리의 차이는 체력이나 전략이 아니었다. 그 한 마리는 바로 최초로 사냥감을 발견한 사냥개였다. 나머지 29마리는 앞에 간 개를 그냥 따라서 쫓아간 것이다. 29마리는 목표 없이 그냥 앞서간 개를 따라간 것이다.

목표가 없고 희망이 없는 사람들은 그들의 삶에 위기가 오거나 어떤 사건이 일어나면 쉽게 포기해 버린다. 출애굽 때 200만 명이 넘는 사람들이 그 어마어마한 기적을 경험하고 가나안 땅을 향해 출발했지만 끝내 약속의 땅에 도달한 것은 두 사람뿐이었다. 지금도 그것은 마찬가지다.

왜 사람들이 쉽게 무너질까? 원리는 간단하다. 목표가 확실하지 않기 때문이다. 목표가 있는 사람은 어떤 일에도 흔들리지 않고 끝까지 간다. 분위기 때문에 옆 사람의 권면으로 함께 따라왔던 사람들은 가다 중도에 다 포기한다. 따라가야 할 이유가 없기 때문이다. 내가 대가를 지불하고라도 따라갈 만한 가치가 있다고 판단하는 사람만이 목숨을 걸고 그 길을 갈 수 있다. 희망을 붙잡은 사람은 어떤 난관에도 중도에 포기하지 않는다.

콜럼버스(Christopher Columbus)가 미지의 세계를 향해 떠났다. 그러다가 사나운 바람과 거센 파도를 만났다. 보이는 것이라고는 끝없이 펼쳐진 바다와 하늘뿐이었다. 선원들은 두려움과 분노에 몸을 떨었다. 식량도 물도 점점 바닥나기 시작했다. 선원들은 붉게 충혈된 눈으로 콜럼버스를 노려보았다. "스페인으로 돌아갑시다" 하는 암묵의 협박이었다. 인간의 힘으로는 어찌할 수 없는 한계 상황에 점점 도달해 있는데도 불구하고, 콜럼버스는 태연하게 성경을 읽고 있었다. 절망하는 선원들을 향해 그는 이렇게 말했다.

"나는 나침반이나 선박의 성능을 믿고 항해를 시작한 것이 아니요. 나를 움직이는 동력은 꿈과 희망입니다. 나는 지금 그 희망의 책 이사야서를 읽으면서 새로운 에너지를 충전하고 있습니다."

이사야는 39장까지는 심판에 대한 얘기지만, 40장부터는 희망과 위로의 메시지를 전해 준다. 40장 이후를 읽어 보면 가슴이 따뜻해지는 위로의 메시지가 많이 나온다. 콜럼버스로 하여금 모든 것이 끝장난 상황에서도 중도에 포기하지 않고 마침내 아메리카 대륙을 발견한 것은, 무슨 전략이나 항해술이나 지식이 아니라 꿈과 비전 그리고 하나님께로부터 받은 그 약속이었다.

1995년 일본에서 출간돼 에세이스트 클럽상을 수상한 작품 가운데 《소년의 눈물》(돌베개, 2004)이라는 책이 있다. 재일교포 2세인 서경식 씨가 쓴 책인데, 그는 명문 와세다 대학을 졸업했지만 '조센징'이라는 이유로 취직도 못하고, 젊은 시절에 시골의 파친코 매장에서 먹고 자는 힘든 경험을 했다. 그러면서도 그는 틈틈이 책을 써서 나중에 훌륭한 상을 받았다. 그는 그 책에서 이런 표현을 하였다.

"희망이 있어서 길을 가는 게 아니라 가는 길이 곧 나의 희망이다."

희망이 보여서 가는 것이 아니라 내가 가는 길이 곧 희망이라는 것이다. 내가 선택한 이 길, 내가 가는 이 길 끝에 비전이 있고 목표가 있고 희망이 있기 때문에 나는 희망의 길을 가고 있다. 어두움을 보고 있으면 계속 가도 어두움에 도달한다. 그러나 깜깜한 밤중에라도 빛을 보고 걸어가면 빛에 도달하게 된다. 무엇을 보느냐가 중요하다. 어느 방향을 향해 가느냐가 중요하다. 속도보다 중요한 것은 방향이다. '방향이 분명한가?'라는 물음이 중요하다. 우리 주님은 빛이다'라고 말씀하셨다. 내가 세상에 빛으로 찾아왔다고 말씀하셨다.

우리가 믿는 것이 무엇인가. 하나님은 우리의 삶 곧 어두운 현장, 고난의 현장 가운데 빛으로 찾아오신 선물이다. 우리는 빛을 바라보고 빛을 껴안고 살아간다. 빛을 향해 열심히 가고 있다면 곧 빛에 도달할 것이다. 그러나 어두움을 말하고 어두움을 바라보고 어두움을 묵상하는 사람들이 결국 도달하는 곳은 어두움이 된다. 당신은 지금 어디를 향해 가고 있는가?

하나님은 빛이시다. 우리는 지금 빛을 향해 가고 있다. 내가 빛을 향해 가고 있는 그 길이 곧 희망이다.

📝 닭을 죽이지 말라

케빈 왕이 지은 《닭을 죽이지 말라》(이가서, 2008)는 책이 있다. 그 책에는 데이비드 에반즈라는 은행원 얘기가 나온다.

데이비드 에반즈는 지방의 한 작은 회사로 파견 근무를 갔다가 그곳에서 신선한 경험을 하였다. 어느 날 그는 회의장으로 들어가다가 문 앞에 '닭을 죽이지 말라!' 하는 벽보가 붙어 있는 것을 보았다. 이상하게 생각하고는 회의에 참석했다. 회의에서는 신참 사원이 고참 사원에게 자신의 실수와 실패를 솔직히 털어놓으면 고참 사원들이 실수의 원인을 말해 주었는데, 지적하거나 충고하는 말투가 아니었다. 그때 비로소 회의실 문 앞에 붙어 있는 '닭을 죽이지 말라!'라는 벽보의 의미를 이해할 수 있었다.

닭은 무리 중에 한 마리가 피를 조금 흘리기 시작하면 모두 달려들어 그 상처 난 부분을 쪼아서 죽이는 습성이 있다고 한다. 그런 닭들의 회의가 예전 회사에서는 많았다. 한 번이라도 실수를 하면 벌떼처럼 달려들어 질책을 하니 자연 일하는 데 소극적이게 되어 결국 회사가 더 어려워졌다고 한다. 그러므로 공동체가 잘 되게 하려면 결코 '닭들의 회의'가 없어야 한다는 것이다.

하나님께서는 닭들의 회의를 결코 기뻐하지 않으신다. 어떤 사람의 잘못을 계속 지적하면, 자기도 죽고 그 사람도 죽고 결국은 그 공동체도 죽는다. 우리는 우리의 입술을 항상 격려하는 입술로 만들어야 한다.

가끔은 우리 마음 안에서도 닭들의 회의가 벌어지곤 한다. 문제가 생기고 고난이 있으면 "하나님! 왜 내게 이런 시련을 주십니까?"라고 불평하면서 마음 안에서 닭들의 회의가 벌어진다. 그러나 고난과 문제 속에서도 "하나님! 내게 이런 시련을 주셔서 감사합니다. 반드시 합력하여 선을 이루실 줄 믿습니다!"라고 고백하며 믿음으로 닭들의 회의를 물리치면 하나님께서 그 고난을 통해 오히려 축복을 내리실 것이다.

아무리 화려한 간증 거리와 기적과 체험이 있어도 말씀대로 순종하며 사는 현재의 삶이 없다면 그 모든 것이 무의미하다. 우리는 말씀대로 살려고 해야 한다. 가끔 말씀을 엉뚱하게 적용하는 이들이 있는데, 그것도 지극히 주의해야 한다.

어떤 목사님이 시내에 갔다가 주차 공간을 찾지 못하고 불법 주차를 하고는 운전대 앞창에 메모를 남겼다. '저는 아무개 교회 목사입니다. 주위를 열 바퀴나 돌았지만 주차할 곳을 찾지 못해 할 수 없이 이곳에 주차했습니다. 잠시 일을 보고 오겠습니다. 단속원님! 용서하세요.' 그렇게 써 놓고 그다음에 주기도문 한 구절을 적어 놓았다.

"우리가 우리에게 죄 지은 자를 사하여 준 것같이 우리 죄를 사하여 주옵시고."

잠시 후, 주차 단속원이 그 쪽지를 봤다. 잠깐 고민하다가 결국 딱지를 떼고 그도 메모를 남겼다. '저는 이곳 주차 단속원입니다. 불법 주차 차량에 딱지를 발부하지 않으면 저는 일자리를 잃습니다.' 그리고 그 밑에 주기도문의 한 구절을 적어 놓았다.

"우리를 시험에 들게 하지 마옵시고 다만 악에서 구하옵소서!"

이렇게 말씀을 아전인수(我田引水) 격으로 자기 편의대로 이용하는 경우가 얼마나 많은지 모른다. 가족과 화해하지 않고 계속 갈등하고 싸우면서 주님의 말씀을 인용하는 사람도 있다. "주님께서도 '내가 세상에 화평을 주러 온 줄로 아느냐, 검을 주러 왔다'라고 하셨다" 하면서 먼저 화해할 생각을 하지 않는다. 얼마나 안타까운 모습인가?

우리는 말씀을 비틀지 말고 순수하게 말씀대로 살려고 애써야 한다.

📝 모두 다 잘 계시지요?

코로나19의 오미크론 변종 바이러스로 확진자가 10만이 넘었다. 오늘 아침 분적산을 오르다가 커다란 소나무 한 그루가 넘어진 것을 보았다. 뿌리가 얕아서인지 그 자리에 서 있는 것이 지루했는지, 나무는 뿌리를 드러낸 채 벌렁 누워 있었다. 소나무가 차지하고 있던 공간이 텅 비었다. 조금은 쓸쓸해 보였다. 그래도 며칠 지나면 그 광경에 또 익숙해질 것이다.

세상 사는 이치가 그런 것 같다. 사랑하는 이와 사별한 교우들이 차마 그가 머물던 공간을 정리하지 못하고 있다는 이야기를 들었다. 그가 마치 그곳에 있는 것처럼 느껴지기 때문이다. 그러다 시간이 조금 지나면 그의 부재를 현실로 받아들이게 된다. 있음과 없음 사이에서 삶의 다양한 풍경들이 빚어진다. 하지만 눈에 보이지 않는다고 없는 것은 아니다. 부재하는 현존, 하나님을 우리는 그렇게 경험한다. 하나님 안에 있는 이들도 마찬가지다.

신학자 폴 틸리히(Paul Tillich)의 "존재의 용기"(courage to be)라는 말이 있다. 이 말을 온전히 이해하기 위해서는 상당한 철학적 우회를 거쳐야 하지만, 간단히 정리하자면, 존재의 용기란 우리를 공허와 무의미의 심연으로 끌어들이려는 현실을 경험하면서도 기어코 자기 존재를 지속하고 또한 긍정하는 것을 말한다. 물론 그런 용기는 모든 존재의 근원이신 하나님에 대한 신뢰에 근거한다. 하나님을 명시적으로 고백하든 고백하지 않든, 자기 한계를 뛰어넘어 인간 정신의 위대함을 드러내는 이들은 위대하다.

얼마 전에 본 광경이 떠오른다. 비둘기 몇 마리가 모여 있었다. 비둘기가 땅에서 걸어 다니는 것은 특별할 것이 없는 풍경이었는데, 그날은 비둘기 한 마리의 가슴께에 광고 전단지 테이프가 들러붙어 있었다. 어쩌다 그런 처지가 되었는지는 알 수 없으나 비둘기는 당황한 기색이 역력했다. 걷는 방향을 이러저리 바꿔 보고 날개도 퍼득여 보지만 테이프가 떨어질 리가 없었다. 도와주고 싶어 조금 다가서면 위협으로 느꼈는지 비둘기는 다른 방향으로 황급하게 달아났다. 비둘기 뒤꽁무니를 향해 이렇게 말했다. "한번 날아 봐. 그러면 떨어질지도 몰라."

얼마 전에는 고양이 한 마리가 아픈 새끼를 입에 물고 동물 병원을 찾아왔다는 기사를 보았다. 참 신기한 일이다. 살다 보면 정말 암담한 일을 만날 때가 있다. 다른 이들에게는 간단한 문제일 수도 있지만 당사자에게는 한계 상황처럼 여겨지는 일들 말이다.

주님은 이웃이 누구인지를 묻는 율법 교사에게 '선한 사마리아 사람의 비유'를 들려 주고는 물으셨다. "너는 이 세 사람 가운데서 누가 강도 만난 사람에게 이웃이 되어 주었다고 생각하느냐?"(눅 10:36) 주님은 '누가 이웃인가?'라는 질문을 '누가 이웃이 되어 주었느냐?'는 질문으로 바꾸셨다. 이웃은 지금 우리의 도움이 필요한 사람이다.

탈레반이 아프가니스탄을 장악하면서 수많은 사람이 보복의 위험을 느꼈다. 여성들의 처지가 더욱 딱하게 되었다. 탈레반이 기독교 선교사들을 처형하려고 하니 기도해 달라는 요청이 SNS를 통해 유포되기도 했지만, 그것은 대개 가짜 뉴스로 드러났다. 이슬람 신자들을 테러리스트로 특정하려는 의도였다. 탈레반의 장악으로 아프가니스탄을 탈출한 난민을 받아들일지의 문제가 국제사회의 관심사가 되었던 적이 있고 지금도 그렇다. 정부는 탈레반의 보복 위협 아래 있는 아프가니스탄 사람들을 군용기로 데려왔다. 아프간 재건에 협력한 대사관, 병원, 직업 훈련원 직원 및 가족들이다. 잘한 조치라고 생각한다. 설 땅이 없는 이들에게 설 땅을 제공하는 것은 마땅한 일이기 때문이다.

요즘처럼 위중한 시대에 힘들고 지친 사람들 곁으로 다가서는 이들이 많다는 사실이 얼마나 고맙고 감사한지 모르겠다. 우리 교회만 해도 알게 모르게 몸이 아픈 사람이나 독거노인들을 찾아 반찬을 나르고 따뜻하게 손잡아 드리는 분들이 있다. 그들은 인정의 황무지인 이 세상에 희망을 파종하며, 현재라는 시간을 가장 소중한 가치로 채우는 분들이다.

온몸으로 어려움에 처한 이들을 돌보는 사람들은 치열하게 하나님 앞에 엎드린다. 자기 힘으로 할 수 없음을 알기 때문이다. 바울 사도는 갈라디아 교인들에게 "여러분은 서로 남의 짐을 져 주십시오. 이런 방법으로 그리스도의 법을 성취하십시오"(갈 6:2, 새번역)라고 말했다. 남의 짐을 지는 행위 그 자체가 그리스도의 법을 성취하는 길이다.

물론 믿음의 사람들은 다른 이들에게 짐이 되지 않기 위해 노력해야 한다. 그러나 견디기 어려울 때 도움을 청할 수도 있어야 한다. 그것은 부끄러운 일이 아니다. 우리는 그리스도의 몸이기 때문이다.

벌써 봄이 오고 있다. 건강에 유의하고, 일상의 모든 순간에 하나님의 현존을 경험하려고 노력하자. 그분의 현존이 느껴지지 않더라도 속상해하지 말자. 우리가 눈으로 볼 수 없고 만질 수 없더라도 주님의 사랑은 늘 우리를 감싸고 있다. 우리 또한 주님의 손이 되어 가슴 시린 이들을 감싸줄 수 있으면 좋겠다. 주님의 은총을 기대하며…

다섯 번째 에피소드

성경 속의 3일

📝 아브라함 인생의 3일

아브라함은 기독교에서 믿음의 조상으로 추앙받는다. 왜 아브라함이 믿음의 조상으로 추앙받게 되었는가? 그의 인생에는 결정적인 3일간의 고난의 순례길이 있었다. 곧 자신이 가장 사랑하는 아들을 내려놓아야 하는 고난과 죽음의 시간이었다. 나는 '3일만 참자' 하거나 '3일의 희망'을 노래할 때마다 아브라함을 묵상하곤 한다.

그러면 아브라함의 인생에서 3일은 어떤 의미가 있는가? 하나님은 아브라함의 믿음이 최고조에 있을 때, 아들 이삭을 번제로 바치라고 하셨다.

"여호와께서 이르시되 네 아들 네 사랑하는 독자 이삭을 데리고 모리아 땅으로 가서 내가 네게 일러 준 한 산 거기서 그를 번제로 드리라"
(창 22:2).

하나님은 아브라함에게 '아들 이삭'을 바치라고 말씀하지 않고, '네 아들 네 사랑하는 독자 이삭'이라고 말씀하셨다. 그런데 히브리 원어 성경대로 직역하면 '네 아들을, 네가 사랑하는 네 유일한 이삭을'이다. 곧 하나님은 '너'(you)라는 말을 삼중으로 하셨다. 그 이유가 무엇인가? 하나님은 아브라함이 아들 이삭을 얼마나 사랑하고 있는지를 알고 계셨다. 곧 아브라함이 무엇보다 사랑하고 아끼는, 세상에 '유일한 네 아들'을 바치라는 말씀이다. 이것은 아브라함 인생에 가장 힘든 시간이 되었다.

하나님은 이삭을 '번제'(burnt offering)로 바치라고 하셨다. 번제는 제물의 각을 떠서 제단 위에서 태우는 것이다. 그때 희생물을 태운 연기가 하늘로 올라가서 하나님께 향기로운 제물이 된다. 하나님은 아브라함이 100세에 얻은 자식을 조각내어 태워서 연기로 바치라고 말씀하셨다. 이 말은 결국 아브라함이 세상에서 가장 사랑하는 유일한 아들이 '자신의 소유가 아님'을 선언하라는 것이다.

만일 내 인생에 가장 소중한 것을 포기해야 할 순간이 온다면, 우리는 어떻게 해야 하는가? 똑같은 상황은 아닐지라도 아브라함과 같은 고통의 시간이 우리 인생에도 얼마든지 찾아올 수 있다.

특별히 하나님은 이삭을 하나님이 지정한 장소까지 가서 번제로 바치게 하셨다. 그때 아브라함은 하나님의 명령에 어떻게 반응했는가?

"아브라함이 아침에 일찍이 일어나 나귀에 안장을 지우고 두 종과 그의 아들 이삭을 데리고 번제에 쓸 나무를 쪼개어 가지고 떠나 하나님이 자기에게 일러 주신 곳으로 가더니"(창 22:3).

"아브라함이 아침에 일찍이 일어나."

성경은 이렇게 짧게 기록하고 있지만, 아마 아브라함은 뜬눈으로 날을 샜을 것이다. 아들을 제물로 바치기 위해서 길을 떠나야 하는 아버지의 심정이 어떠했겠는가? 차라리 아침이 밝아 오지 않기를 바랐을 것이다. 아니, 차라리 자신이 이대로 죽었으면 하는 심정이었을 것이다. 그러나 그 아침은 어김없이 찾아왔다.

아브라함은 떠날 준비를 하면서 번제에 쓸 나무들을 쪼갰다. 나무들을 도끼질하면서 그 마음이 어땠을까? 아마 그 도끼로 자신을 치고 싶었을 것이다. 혹은 조각난 나무들처럼, 온 마음이 조각나고 있었을 것이다. 아브라함은 번제에 쓸 나무들을 나귀에 싣고 두 종과 아들 이삭을 데리고 모리아 산을 향해 떠났다.

"제삼일에 아브라함이 눈을 들어 그곳을 멀리 바라본지라"(창 22:4).

그 당시 아브라함은 '브엘세바'에 거주하고 있었다. 브엘세바에서 모리아산까지는 대략 80킬로미터 정도 떨어져 있다고 한다. 아브라함은 아들 이삭과 3일 길을 걸어서 모리아산 근처에 도착하였다. 나는 아브라함이 아들과 걸었던 3일 길이 그의 인생에 가장 힘든 시간이라고 생각한다. 3일 길을 걸으면서 아브라함은 어떤 생각을 했을까? 하나님의 명령을 거역하고 아들과 집으로 돌아가고 싶은 생각을 수없이 했을 것이다. 그리고 아브라함이 아들 이삭의 얼굴을 볼 때 얼마나 고통스러웠겠는가. 과연 아브라함이 아들의 얼굴을 정면으로 볼 수 있었을까? 다양한 그림이 그려진다.

내 인생에 이 같은 3일 길이 주어진다면, 나는 어떻게 이 고통의 시간을 견디어 낼 수 있을까?

아브라함은 모리아산이 눈앞에 보이자 두 종을 그곳에 머물게 하고 아들 이삭에게 번제에 쓸 나무를 지게 했다. 그리고 불과 칼을 손에 들고 아들과 산을 향해 올라갔다. 그런데 이때 아들 이삭이 가슴이 턱 막히는 질문을 한다. 사랑하는 아들과 아버지의 대화를 보자.

"이삭이 그 아버지 아브라함에게 말하여 이르되 내 아버지여 하니 그가 이르되 내 아들아 내가 여기 있노라 이삭이 이르되 불과 나무는 있거니와 번제할 어린양은 어디 있나이까"(창 22:7).

나는 이 말씀을 묵상하면서 흘러내리는 눈물을 어찌할 수가 없었다. "내 아버지여"라고 부르는 아들 이삭, 그리고 "내 아들아 내가 여기 있노라" 대답하는 아버지 아브라함. 세상 어느 가정보다 화목한 부자지간의 모습이다.

이삭은 "불과 나무는 있거니와 번제할 어린양이 어디 있나이까"라고 물었다. 이 질문은 아버지 아브라함의 가슴을 찌르는 질문이었다. 그러나 아브라함은 아들의 물음에 어떻게 대답하는가? "내 아들아 번제할 어린양은 하나님이 자기를 위하여 친히 준비하시리라"라고 대답했다.

아브라함은 3일간의 순례길에서 하나님을 향한 '절대 순종'을 배웠다. 첫째 날, 아브라함이 일찍이 일어나 길을 떠났지만 그의 마음에 불평과 원망도 있었을 것이다. '차라리 아들을 주시지 말지! 다 큰 아들을 왜 데려가려고 하십니까?'라는 원망의 시간이 있었을 것이다. 그러나 둘째 날이 되면서 그의 생각들이 서서히 멈추기 시작했다. 곧 자아가 죽고 의지가 죽은 시간이다. 셋째 날, 모리아 산을 바라보면서 아브라함은 모든 것을 하나님께 맡겼다. 곧 자신의 생각이 멈추고 오직 하나님의 생각으로 충만해졌다. "아들아, 하나님이 자기를 위해서 준비하셔. 그러니 너는 염려하지 마"라고 말한 데서 알 수 있다.

독일의 실존주의 철학자 키에르케고르(Kierkegaard)는 《두려움과

떨림》(지만지, 2014)이라는 그의 저서에서 아브라함의 믿음을 "놀라운 신앙의 역설"이라고 정의한다. 곧 "살인 행위를 하나님을 기쁘게 하는 성스러운 행위로 변화시키는 역설, 이삭을 아브라함에게 다시 돌려주는 역설"이라고 정의했다. 아브라함은 3일간의 여행에서 고난과 죽음 그리고 부활을 경험한 것이다. 곧 자기 인생의 주인이 자신이 아니라 하나님이심을 온몸으로 깨달았을 것이다.

하나님은 아브라함이 아들 이삭을 결박하여 제단 나무 위에서 죽이려는 순간, 그의 손을 막으셨다. 그리고 "그 아이에게 네 손을 대지 말라 그에게 아무 일도 하지 말라 네가 네 아들 네 독자까지도 내게 아끼지 아니하였으니 내가 이제야 네가 하나님을 경외하는 줄을 아노라"(창 22:12)라고 말씀하셨다. 그리고 나서 이삭 대신에 숫양을 예비하셨다.

하나님은 아브라함의 마음을 계속 보고 계셨다. 아브라함이 고통의 3일 길을 걷고 있을 때, 하나님은 이미 새 일을 준비하셨다. 만일 아브라함이 3일 길을 견디지 못했다면 여호와 이레의 하나님을 경험하지 못했을 것이다. 아브라함이 3일 길을 견디어 냈기 때문에, 하나님은 이삭을 대신할 숫양을 준비해 주셨다. 이것이 바로 3일을 참는 자에게 주시는 '하나님의 선물'이다.

아브라함이 세계 3대 종교의 믿음의 조상이 될 수 있었던 것은 무엇인가? 그것은 다름 아닌 3일간의 인내였다. 곧 아들 이삭과 함께 고난과 죽음의 길인 3일을 믿음으로 견디어 냈다. 아브라함 인생의 3일은 오늘의 우리에게 좋은 교훈을 준다. 그러므로 우리도 포기하지 말자. 견디자. 3일만 참자.

📝 모세 인생의 3일: 약속의 땅을 향한 사흘길

"범사에 기한이 있고 천하 만사가 다 때가 있다"(전 3:1)라고 한다. 달리 말하면, 사람은 누구나 일할 수 있는 때와 시기가 있다는 것이다. 그런데 그 때와 시간에서 사람의 기준과 하나님의 기준이 다른 경우가 많다. 왜 이런 차이가 나는가? 사람은 '연대기적 시간' 곧 '크로노스'(chronos)를 기준으로 일할 때를 정한다. 그러나 하나님은 연대기를 넘어선 특별한 시간을 정하신다. 그것을 거룩한 시간, 곧 '카이로스'(kairos)라고 부른다.

사람의 시간으로 본다면 80세의 늙은 모세는 모든 것을 끝내야 할 시간에 있다. 그러나 하나님이 보시기에는 모세가 사명을 감당하기에 가장 적합한 시간이었다.

80세의 모세는 어떤 모습이었는가? 그는 처가에 얹혀살면서 장인의 가축을 기르는 늙은 목자였다. 그가 가진 것이라고는 양의 분비물이 묻은 옷과 손에 든 지팡이뿐이었다. 세상의 기준으로 보면, 모세는 완전히 실패한 인생이며, 모든 것을 포기해야 할 절망의 시간이 되었다. 그러나 하나님은 그 '절망의 시간'을 모세를 위한 '카이로스'(거룩한 시간)로 보시고, 그를 부르셨다. 곧 모세는 자기 힘으로 아무것도 할 수 없는 절망의 시간에 하나님의 부르심을 받았다.

모세는 사막 가운데서 불타고 있는 떨기나무를 발견하였다. 불이 붙었지만 떨기나무는 타지 않고 있었다. 모세는 그 신비한 광경을 바라보았다. 바로 그때 불꽃 가운데서 하나님은 "모세야, 모세야"라고 부르셨다. 하나님은 모세의 발에 신을 벗게 하시고, 새 일을 시작하게 하셨다. 하나님은 모세에게 동족 이스라엘 백성을 애굽에서 건져 내라는 '사명'(mission)을 주셨다.

모세는 80세의 늙은 자신은 그 사명을 감당하지 못할 것이라고 생각했다. 그는 주저하면서 하나님께 "만일 내 백성이 누가 나를 보냈냐고 하면 무엇이라 대답해야 합니까? 당신의 이름은 무엇입니까?"라고 물었다. 모세로서는 당연한 질문을 한 것이었다. 하나님은 모세에게 '나는 스스로 있는 자'(출 3:14)라고 당신을 소개하면서 "스스로 있는 자가 보냈다고 하라"라고 말씀하셨다.

'스스로 있는 자'는 자존적인 존재를 말한다. 그 어떤 것에도 의존하지 않는 독립적인 실체다. 그 자존적 존재가 보냈다고 말하라면서, 이스라엘 장로들을 만나라고 하셨다. 그리고 그들과 함께 하나님이 말씀하신 약속의 땅으로 올라가게 하셨다.

그러나 모세의 처지에서 하나님의 말씀에 쉽게 순종하기는 힘이 들었다. 하나님은 그런 모세의 마음을 아시고 애굽 왕 바로를 만나서 할 말까지 알려 주셨다. 곧 "광야로 사흘길을 가서 여호와께 제사를 드리겠다"라고 말하게 하셨다. 모세에게 명령한 사흘길은 이스라엘 백성의 운명을 결정할 시간이다. 곧 사흘이라는 시간은 이스라엘 백성을 구원하는 시간이다.

나는 출애굽기를 읽고 묵상하면서 사흘길이 이스라엘 백성의 전환점임을 깨달았다. 광야의 사흘길은 이스라엘 백성들의 '터닝 포인트'(turning point), 곧 약속의 땅으로 들어가는 출발이다. 출애굽의 사흘길은 내 인생의 표어인 '3일만 참자'와 일맥상통한다. 하나님은 400년 애굽의 노예 생활을 청산하도록 3일의 시간을 요구하신 것이다. 출애굽의 사흘이 주는 은혜를 묵상해 보자.

> "그들이 네 말을 들으리니 너는 그들의 장로들과 함께 애굽 왕에게 이르기를 히브리 사람의 하나님 여호와께서 우리에게 임하셨은즉 우리가 우리 하나님 여호와께 제사를 드리려 하오니 사흘길쯤 광야로 가도록 허락하소서 하라"(출 3:18).

'그들이 네 말을 들으리니'라는 말씀은 이스라엘 장로들이 모세의 말을 듣게 됨을 뜻한다. 그러므로 하나님은 이스라엘 장로들과 함께 애굽 왕 바로에게 가라는 것이다. 그리고 애굽 왕 바로 앞에서 광야로의 사흘길을 제안하라고 하신다. 왜 하나님은 사흘길을 요구하도록 했는가? 출애굽에서 있어서 사흘길은 어떤 의미가 있는가?

그 당시 이스라엘 백성들이 거주하고 있는 지역은 이집트 '고센' 땅이었다. 성서학자들은, 사흘길을 고센 지역에서 하나님께서 나타나시는 시내 산까지의 거리를 상징하는 것으로 해석한다. 물론 그 거리를 실제로 3일에 걸을 수 있다는 것은 아니다. 시내 산은 어떤 곳인가? 모세가 하나님의 계명 곧 언약의 말씀을 받은 곳이다. 그러므로 사흘길의 의미는 애굽의 속박을 벗어나 하나님의 언약 백성이 되는 '거룩한 시간'이다.

그러나 하나님은 애굽 왕 바로가 사흘길을 허락하지 않을 것을 이미 알고 계셨다. 그래서 하나님은 모세에게 "내가 내 손을 들어 애굽 중에 여러 가지 이적으로 그 나라를 친 후에야 그가 너희를 보내리라"(출 3:20)라고 하셨다. 여기서 '여러 가지 이적'은 피 재앙, 개구리 재앙, 이 재앙, 파리 재앙, 돌림병 재앙, 악성 종기 재앙, 우박 재앙, 메뚜기 재앙, 흑암 재앙, 장자의 죽음 등 열 가지 재앙을 가리킨다. 곧 이 재앙들이 임한 후에 비로소 애굽 왕이 사흘길의 제사를 허락한다고 하셨다.

하나님의 말씀대로 모세와 아론이 애굽 왕에게 가서 "우리 하나님 여호와께 제사를 드리려 하오니 가도록 허락하소서 여호와께서 전염병이나 칼로 우리를 치실까 두려워하나이다"(출 5:3)라고 했다. 그러나 바로는 모세와 아론의 요구를 불순한 의도와 선동 그리고 거짓말로 매도했다. 그리고 이스라엘 백성들에게 이전보다 더욱 가혹한 노역을 명령했다.

사흘길을 두고, 모세와 바로의 영적인 전쟁이 본격적으로 시작되었다. 바로는 이스라엘 자손들에게 "너희가 게으르다 게으르다 그러므로 너희가 이르기를 우리가 가서 여호와께 제사를 드리자 하는도다"(출 5:17)라고 책망했다. 바로는 이스라엘 백성들이 애굽의 최고 통치자인 자신보다 여호와의 명령을 더 따르며 두려워하는 것 때문에 더욱 기분이 상했다.

그러나 바로의 심한 압제는 오히려 여호와 하나님의 개입을 서두르게 하여, 곧 이스라엘의 구원을 앞당기는 결과를 가져왔다. 처음에 분노하고 완고했던 바로의 마음이 열 가지 재앙을 만나면서 조금씩 흔들리기 시작했다. 흔들리는 바로의 마음은 '네 번째 파리 재앙'에서부터 나타났다. 하나님은 이스라엘이 거주하는 고센 땅을 제외하고, 애굽 전역에 파리 떼가 넘치게 하여 온 땅을 황폐하게 하셨다. 그러자 바로는 모세와 아론을 불러서 "너희는 가서 이 땅에서 너희

하나님께 제사를 드리라"(출 8:25)라고 명령하였다. 바로가 제사를 허락하기는 했으나 '이 땅에서' 제사를 하도록 했다. 어떻게 하든지 애굽을 벗어나지 못하게 하려는 의도였다.

그러나 모세는 바로에게 "우리가 사흘길쯤 광야로 들어가서 우리 하나님 여호와께 제사를 드리려 한다"(출 8:27)라고 거듭 주장했다. 특별히 모세가 원하는 것은 애굽에서 사흘길쯤 떨어진 '광야'였다. 왜 광야인가? 광야는 히브리어로 '미드바르'(מדבר)이다. '미드바르'라는 히브리어에는 '말씀'이라는 '다바르'(דבר)가 내포되어 있다. 그러므로 광야는 '하나님의 말씀'이 있는 곳이다. 광야에서 제사를 드리는 것은 하나님의 말씀을 듣기 위해서이다.

하나님의 언약 백성에게 가장 중요한 것이 '말씀'이다. 그들의 사흘길은 우상 숭배가 만연한 애굽을 벗어나 오직 하나님의 말씀만 있는 곳에 머무는 것이었다. 그래서 모세는 더욱 강하게 광야에서 제사를 드려야 한다고 주장했다.

애굽 왕 바로는 '두 가지 조건'을 제시했다. '너무 멀리 가지는 말라' 그리고 '너희는 나를 위해 간구하라'고 했다(출 8:28). 그러나 이것조차도 파리 재앙이 끝나자 바로의 마음이 다시 완악해져서 사흘 광야길을 허락하지 않았다. 애굽 왕 바로 세상 권세를 잡은 마귀를 상징한다. 마귀는 우리가 하나님을 만나는 거룩한 3일을 방해한다. 그 길로 들어가는 것을 막기 위해서 온갖 수단을 동원한다.

그렇다면 왜 바로는 사흘길 광야로 가는 것을 금했는가? 바로가 가장 중요하게 여기는 것은 이스라엘의 노동력이었다. 이스라엘 백성은 생산력을 담당하는 노예로서 국가를 지탱하는 중요한 물적 자산이었다. 그들이 애굽을 벗어나 사흘길을 간다는 것은 '애굽 탈출'을 의미한다. 그러므로 애굽 왕 바로는 어떻게 해서든지 국가의 재산 유출을 막고자 했다. 어찌 보면 광야를 향한 사흘길은 애굽의 운명을 좌우하는 사건이었다. 그러나 이스라엘 백성에게는 고향으로 돌아가는 약속의 땅을 향한 출발이었다. 그래서 이스라엘 백성과 애굽 왕 바로의 사흘길은 하나님의 백성과 세상 권력과의 충돌이며 싸움이다.

바로는 가축들이 죽임을 당한 다섯 번째 재앙, 악성 종기가 만연한 여섯 번째 재앙, 그리고 일곱 번째 우박 재앙에도 이스라엘 백성들의 사흘길을 허락하지 않았다. 그러다 여덟 번째 메뚜기 재앙으로 남아 있던 곡식과 채소들이 황폐해지자, 바로의 신하들이 동요하기 시작했다.

"바로의 신하들이 그에게 말하되 어느 때까지 이 사람이 우리의 함정이 되리이까 그 사람들을 보내어 그들의 하나님 여호와를 섬기게 하소서 왕은 아직도 애굽이 망한 줄을 알지 못하시나이까 하고"(출 10:7).

먹을 것 앞에는 장사가 없다고 했다. 곡식이 메뚜기떼들에 의해서 사라지자 반역이 일어날 상황이 된 것이다. 바로의 신하들과 백성들의 불만이 고조되었다. 바로의 리더십을 더이상 지탱하기가 힘들게 되었다. 바로는 모세와 아론에게 "가서 너희의 하나님 여호와를 섬기라 갈 자는 누구 누구냐"(출 10:8)라고 물었다. 바로는 또다시 '누구 누구냐?'라고 조건을 제시한다. 모두 다 보내 주지는 않겠다는 것이다. 일부는 인질로 잡겠다는 의도였다. 선별해서 일부만 허락하겠다는 것이다.

모세는 바로의 의도를 충분히 알고 있었기에, 남녀노소와 양과 소까지 데리고 가겠다고 대답했다. 모세는 이스라엘 백성의 온전한 구원을 원했다. 그러자 바로는 장정만 가서 여호와를 섬기고, 어린아이들은 남겨 두라고 고집했다. 아이들을 인질로 잡아놓으면 부모들이 다시 애굽으로 돌아올 수밖에 없음을 알고 있었다. 사탄은 우리가 예배에 전념하지 못하도록 때론 자식들을 방해물로 이용하기도 한다. 바로의 행위는 세상의 권세 잡은 마귀의 모습과 다를 바가 없다.

하나님은 아홉 번째 재앙으로 애굽 온 땅에 흑암이 짙게 깔리게 하셨다. 사흘 동안 고센 땅을 제외한 애굽 전역에 흑암이 강하게 임했다. 그들은 서로를 볼 수가 없었다. 바로는 흑암 속에서 또다시 조건을 달아서 제안한다. 사람은 모두 가서 제사를 지내되, 양과 소는 남겨 두라는 것이다. 유목민인 이스라엘 백성에게 양과 소는 생명과도 같다. 바로는 이스라엘 백성들이 양과 소가 없이는 살 수 없음을 알고 있었다. 그래서 그것을 빌미로 삼은 것이다. 마귀는 우리의 연약한 부분을 끊임없이 건드리고 침투하고자 한다.

이 같은 바로의 제안에 모세는 "우리의 가축도 우리와 함께 가고 한 마리도 남길 수 없다"(출 10:26)라고 주장한다. 애굽 왕 바로와 하나님의 선지자 모세가 정면으로 부딪친 것이다. 바로는 모세의 말에 분노하며 "네가 내 얼굴을 보는 날에는 죽으리라"(출 10:28)라고 협박하였다. 모세도 바로의 협박에 대응해서 "당신이 말씀하신 대로 내가 다시는 당신의 얼굴을 보지 아니하리이다"(출 10:29)라고 말했다.

그러나 이 모든 싸움은 하나님이 내리신 열 번째 재앙에서 끝이 난다. 하나님께서 애굽의 모든 처음 난 것들을 죽게 하심으로, 마침내 광야를 향한 사흘길이 시작된다. 하나님은 이스라엘 백성들의 문설주와 인방에 어린양의 피를 바르게 했다. 죽음의 천사들이 애굽 전역을 덮칠 때, 문설주와 인방의 피를 보고 그 문을 넘어 통과하게 하셨다. 그러므로 출애굽은 어린양의 피로 시작된 것이다. 어린양의 피는 무엇인가? 예수 그리스도가 흘린 '대속의 피'다.

출애굽의 사흘길이 우리에게 주는 교훈은 무엇인가? 우리가 광야의 사흘길을 견디기 위해서는 어린양의 피가 있어야 한다. 곧 예수 그리스도와 함께 고난과 죽음 그리고 부활의 시간을 가져야 한다. 광야를 향한 사흘길은 고난-죽음-부활의 시간이다.

우리 인생은 누구나 광야의 시간을 가져야 한다. 그 광야의 사흘길에서 우리가 다시 부활하기 위해서는 그리스도의 피로 시작해야 한다. 내 몸에 거룩한 어린양의 피를 바를 때, 우리는 고난과 죽음을 넘어서 새 생명으로 태어날 수 있다. 이스라엘 백성은 어린양의 피로 말미암아 애굽의 노예에서 벗어나 비로소 약속의 땅을 향할 수 있었다.

그러나 그 길은 결코 평탄하지 않은 인생길이다. 하나님은 기나긴 광야를 통과하여 약속의 땅에 이르기까지 수많은 3일을 주셨다. 그 3일은 또 다른 아픔과 고난이지만, 고난의 3일을 통과하는 자만이 약속의 땅에 들어갈 수 있다. 광야 가운데 있는 나에게 외쳐 본다. "3일만 참자." "3일만 견디자." 그때 하나님께서 약속의 땅을 향해 첫 발을 떼게 하신다.

📝 요나 인생의 3일: 스올의 뱃속에서

내가 목사 안수를 받은 지도 벌써 37년이 되었다. 나는 그동안 다양한 성도들을 만나고 신앙 상담을 해왔다. 그중에는 성품이 온유한 성도들도 있고, 자기 고집이 유난히 강한 성도들도 있었다. 성도들을 보면서, '자기 성격대로 하나님을 믿는구나!'라고 생각했다. 특별히 성격이 강한 성도들은 자기 고집대로 하나님을 믿었다. 그것은 바른 신앙이 아니다. 하나님을 바로 믿기 위해서는 먼저 나를 버려야 한다.

그런데 자기를 버리지 못하고 하나님을 자기 생각 안에 가두고 있는 성도들이 있다. 그것은 믿음이 아니라 내 신념이며 고집이다. 믿음은 내 생각을 내려놓고 하나님의 뜻에 나를 맡기는 것이다. 언젠가 내가 임시 당회장으로 타 교회의 제직회를 주관한 적이 있었다. 그때 한 안수집사가 손을 들고 "나는 목에 칼이 들어와도 할 말은 합니다"라고 하면서 격한 말들을 쏟아내었다. 이 같은 성도들을 보면 목사의 마음은 참담하다. 그에게 하나님은 어떤 분이신가, 그가 믿고 있는 하나님은 어떤 분이신가 생각해 보았다.

그런데 하나님의 선지자 중에서 그 같은 사람이 있다. 그는 바로 북이스라엘의 선지자 요나다. 요나는 자의식이 강하고 고집이 셌다. 그는 선지자로 택함을 받았지만, 자기 생각에 맞지 않으면 하나님의 말씀도 듣지 않았다. 하나님은 요나를 큰 성읍 니느웨의 선교사로 파송하셨다. 그러나 요나는 원수의 나라 니느웨에 선교사로 가는 것이 싫었다. 요나의 강한 자의식이 발동되기 시작했다. 그에게 니느웨는 심판의 대상이지 구원의 대상이 아니었으므로, 하나님의 명령을 도저히 받아들일 수가 없었다. 하나님은 자기 고집대로 신앙생활을 하는 요나를 만지기 시작하셨다.

그동안 내가 세상을 살면서 보고 들은바, 고집 센 사람에게는 반드시 고난이 닥친다. 그 고집 때문에 사람들과 다투고 분쟁한다. 하나님이 고집 센 요나를 만지기 시작하셨다. 요나의 자아가 완전히 꺾이고 새사람으로 변화된 것은 '스올의 뱃속에서의 3일' 때문이었다. 요나의 인생에 스올의 3일이 없었다면, 아마도 그는 평생 자기 고집대로 하나님을 믿고 살았을 것이다.

요나서를 통해서 자의식이 강한 요나가 어떻게 변화되는가, 특별히 스올의 뱃속에서 3일이 그의 인생에 어떤 의미인가를 묵상해 보자.

요나는 한번 마음을 먹으면 그대로 행동했다. 그는 하나님의 명령을 거부하는 것으로 끝나지 않고, 아예 하나님으로부터 도망치려고 했다. 오늘날의 용어로 표현하면, 교회를 떠나 버린 '가나안 성도'가 되고자 했다. 그는 니느웨와는 정반대인 곳, 곧 다시스로 가는 배에 올라탔다. 요나는 하나님의 낯을 피하여 배 밑창까지 내려가서 잠들었다.

하나님은 도망치는 요나의 배를 흔들기 시작하셨다. 큰 바람과 큰 폭풍이 배에 휘몰아치자, 선원들은 살기 위해서 배 안에 있던 물건들을 바다에 던져야 했다. 배 밑창에서 깊은 잠을 자고 있던 요나는 이 같은 위기 상황을 전혀 감지하지 못했다. 이에 선장은 잠자는 요나를 깨우며 "자는 자여 어찌함이냐 일어나라"라고 책망했다. '모두가 죽게 생겼는데 너는 잠만 자고 있느냐?'라는 말이다. 선장은 요나에게 "네 하나님께 구하라 혹시 하나님이 우리를 생각하사 망하지 아니하게 하시리라 하니라"(욘 1:6)라며 기도하게 했다.

배의 선장은 어떤 자인가? 그는 하나님을 믿지 않는 '이방인'이었다. 그런데 이방인이 하나님의 선지자 요나에게 기도하라고 책망했다. 얼마나 부끄럽고 수치스러운 일인가? 오늘날로 말하면 세상을 위해서 기도해야 할 그리스도인이 오히려 세상 사람들의 근심거리가 된 것이다. 하나님은 이방인 선장을 통해서 요나의 믿음을 깨우고자 하셨다. 그러나 요나는 자신이 무슨 잘못을 하고 있는지조차도 몰랐다. 요나는 선지자였지만, 영적으로 완전히 죽어 있었다.

영적으로 죽은 자를 깨우는 것은 쉽지 않다. 그래서 하나님은 요나가 확실히 자기 죄를 깨닫도록 제비뽑기에 당첨되도록 하셨다. 비로소 요나는 자신이 얼마나 큰 죄를 범했는지를 알게 되었다. 바로 자신 때문에 이 같은 재앙이 임하게 되었음을 깨달은 것이다.

요나가 자신 때문임을 고백한 후 배에 함께 탄 사람들은 더욱 두려워하며 "우리가 너를 어떻게 하여야 바다가 우리를 위하여 잔잔하겠느냐" 하면서 근심하였다. 요나는 죄를 고백하며 자신을 들어 바다에 던지라고 했다.

> "나를 들어 바다에 던지라 그리하면 바다가 너희를 위하여 잔잔하리라 너희가 이 큰 폭풍을 만난 것이 나 때문인 줄을 내가 아노라 하니라"
> (욘 1:12).

큰 재앙 앞에서 요나가 자신을 돌아보게 된 것이다. 이런 요나의 모습이 바로 우리의 모습이다. 큰 고난에 직면하기까지는 자신을 돌아보지 못한다. '내가 무엇을 잘못했는데!'라고 오히려 항변한다. 그러나 감당할 수 없는 고난의 풍랑이 덮칠 때, 비로소 나를 돌아보기 시작한다.

하나님은 요나를 죽이려고 이 재앙을 주신 것이 아니었다. 어떻게 하든지 요나를 다시 하나님의 사람으로 만드는 데 그 목적이 있었다. 도망치는 요나를 하나님이 집요하게 추적하신 것은 그를 구원하고자 하는 사랑 때문이었다. 그러나 요나는 여전히 이런 하나님의 마음을 알지 못했다. 그저 '내가 죽으면 되지!' 하는 생각뿐이었다.

요나를 향한 '하나님의 3일간의 학교'는 이렇게 시작되었다.

> "여호와께서 이미 큰 물고기를 예비하사 요나를 삼키게 하셨으므로 요나가 밤낮 삼 일을 물고기 뱃속에 있으니라"(욘 1:17).

하나님이 요나를 깊은 고난의 심연에 빠지게 하셨다. 그러나 요나를 죽이려고 한 것이 아니라, 다시 살리기 위해서였다. 하나님이 요나를 위해서 무엇을 예비하셨는가? 하나님은 큰 물고기를 예비하셨다. 이 같은 하나님을 우리는 '여호와 이레'라 부른다. 하나님은 요나가 배를 타기 전부터 그를 위한 모든 것을 예비하고 계셨다. 하나님의 목적은 요나의 징계가 아니라 요나의 사람됨이었다. 사람됨이란 요나가 하나님의 마음을 아는 자로 변화되는 것이다. 하나님은 이스라엘만이 아니라 원수 니느웨까지도 긍휼한 마음으로 바라보고 계셨다. 하나님은 요나가 하나님의 이 같은 마음을 닮기 원하셨다.

하나님은 요나를 3일간의 물고기 학교를 통해 본격적으로 만지기 시작하셨다. 물고기 배 안은 어떠했는가?

"물이 나를 영혼까지 둘렀사오며 깊음이 나를 에워싸고 바다풀이 내 머리를 감쌌나이다"(욘 2:5).

'물이 영혼까지 둘러싼다'라는 말은 더는 숨을 쉴 수 없는 상태를 말한다. 감당할 수 없는 고난이 닥치면 우리는 숨조차도 제대로 쉬지 못한다. 죽음이 임박했다는 증거다. 요나는 이 같은 고통의 상태를 '내가 산의 뿌리까지 내려갔고 땅이 나를 그 빗장으로 막았다'라고 표현했다. 더 이상 살길이 없다는, 절망적인 상태의 표현이다.

이때 우리가 선택할 수 있는 것은 무엇인가? 죽는 것이 차라리 낫다고 생각한다. 스스로 목숨을 끊으려 한다. 그러나 지금 요나는 죽을 힘조차 없었다. 죽음도 자기 마음대로 할 수 없는 상태였다. 그때 요나는 무엇을 생각했는가?

"내 영혼이 내 속에서 피곤할 때에 내가 여호와를 생각하였더니…"(욘 2:7)라고 말씀한다. 요나는 고난의 심연에서 하나님을 생각하였다. 그런데 그 생각이 바로 기도가 되었다. 절망적인 고난의 바닥에서 하나님을 생각하는 것이 바로 기도이다. 이 기도가 하나님께 상달되었다.

"…내 기도가 주께 이르렀사오며 주의 성전에 미쳤나이다"(요 2:7).

다섯 번째 에피소드: 성경 속의 3일

이것이 하나님이 우리에게 주신 은혜이다. 나는 생각만 했는데, 하나님이 응답하신다! 만일 나에게 고난의 심연이 없었다면 하나님을 생각할 수 있었을까? 그러지 못했을 것이다. 요나가 하나님을 다시 만난 곳은 어디인가? 요나는 그곳을 '스올의 뱃속'이라 했다. 스올은 죽은 자가 거처하는 음부와 같은 곳이다. 요나는 죽음을 통해서 다시 하나님을 만났다. 만일 요나에게 스올과 같은 3일이 없었다면, 그는 하나님을 결코 만나지 못했을 것이다. 그러므로 요나의 인생에 스올의 3일은 새로운 요나로 부활하는 '인큐베이터'(incubator)였다.

비록 그곳은 아무것도 보이지 않는 고난의 심연이었지만 그 고난이 새 생명의 자양분이 되었다. 요나는 감사하는 목소리로 "구원은 여호와께 속하였나이다"(욘 2:9)라고 기도했다. 곧 내 생명이 하나님의 손에 달려 있음을 고백한 것이다. 하나님은 드디어 요나를 스올의 뱃속에서 건져 내어 육지로 나가게 하셨다.

요나는 하나님의 말씀이 다시 임하자, 여호와의 말씀대로 일어나 니느웨에 가서 회개의 복음을 전했다. 요나는 "40일이 지나면 니느웨가 무너지리라"라고 외쳤다. 요나의 말에 니느웨 왕이 일어나 굵은 베옷을 입고, 사람이든 짐승이든 모두 금식하라고 명령했다. 심지어 물도 마시지 못하게 했다. 하나님은 회개한 니느웨를 보시고 뜻을 돌이켜 심판하지 않으셨다.

그러자 요나의 옛 기질이 또다시 발동되었다. 요나는 자신의 선포에 원수의 나라 니느웨가 이렇게 쉽게 굴복할 줄 몰랐다. 그리고 하나님이 원수 니느웨에 긍휼을 베푸시자 화가 몹시 나기 시작했다. 요나는 스올의 뱃속 3일을 잊어버렸다. 또다시 옛 기질과 성격이 나오기 시작했다. 요나는 하나님께 온갖 불평을 쏟아 내기 시작했다.

"내가 하나님이 이러실 줄 알았습니다. 그래서 내가 니느웨로 안 가고 다시스로 도망쳤습니다. '주께서는 은혜로우시며 자비로우시며 노하기를 더디 하시며 인애가 크시기'(욘 4:2) 때문에, 이럴 줄 알았습니다."

나는 이 요나를 보면서 사람의 기질은 참으로 변하기 쉽지 않다는 생각을 했다. 스올의 뱃속에서 3일을 있었는데도 옛 자아가 여전히 남아 있었다. 요나를 묵상하면서 이런 생각을 했다. 심지어 하나님의 선교사도 그러는데, 우리 성도들은 어떠하겠는가? 나는 요나를 거울 삼아 목회 현실을 위로하기도 하였다.

요나의 고집이 다시 드러났다. 요나는 하나님이 어떻게 하시는가를 보기 위해서 성읍 동쪽에 초막을 짓고 앉아서 지켜보고 있었다. 하나님은 변하지 않는 요나를 또다시 교육하기 시작하셨다. 박넝쿨을 예비하여 요나의 머리를 그늘지게 하였다. 요나는 그 박넝쿨로 말미암아 크게 기뻐하였다. 그러나 이튿날 새벽에 하나님은 벌레가 그 넝쿨을 갉아먹게 하여 그늘이 사라지게 하셨다.

다음 날 해가 뜨고 뜨거운 동풍과 햇빛이 요나의 머리에 쏘이자 혼미하여 스스로 죽기를 간구하였다. "사는 것보다 죽는 것이 내게 나으니이다"(욘 4:8)라고 불평했다. 하나님은 이런 요나에게 "네가 이 박넝쿨로 말미암아 성내는 것이 어찌 옳으냐"(욘 4:9)라고 하며 그의 강퍅한 마음을 만지셨다. "네가 그 어떤 수고도 하지 않았고 하룻밤에 났다가 하룻밤에 말라버린 이 박넝쿨로 아까워하거든 하물며 이 큰 성읍 니느웨를 불쌍히 여기는 내 마음을 왜 모르느냐?"(욘 4:10-11)

하시면서 그를 교육하셨다.

나는 요나서를 묵상하면서 '사람은 정말 변하기 쉽지 않구나!'라는 사실을 거듭 깨달았다. 요나가 스올의 3일간의 학교에서 변한 것 같았지만, 변하지 않았다. 그의 옛 자아는 여전히 남아 있었다. 그러나 하나님은 그런 요나를 포기하지 않고 계속 교육하면서 하나님의 마음을 갖도록 하셨다.

이같이 고집 센 요나를 위해서 결국 하나님이 죽으셨다. 하나님이 요나를 대신하여 스올의 3일간의 학교에 입학하셨다. 그분이 누구인가? 우리를 대신해서 죽음의 고난을 감당하신 예수 그리스도시다. 변하지 않는 나를 대신하여 예수님이 스올의 3일간 학교에 가셨다. 이 3일간의 학교는 내가 입학해야 하는데, 예수님이 나를 위해서 대신 가신 것이다. 우리는 나를 대신하여 스올의 3일간의 학교에 가신 주님을 보면서, 그분의 십자가의 사랑과 은혜가 얼마나 큰지를 깨달아야 한다.

📝 바울 인생의 3일: 다메섹에서 만난 주님

우리가 잘 알다시피 바울은 베냐민 지파에 속하는 전통 유대교인이었다. 만약 바울이 예수 그리스도를 만나지 않았다면 그의 이름은 영원히 기억되지 못했을 것이다. 사도 바울은 팔레스타인 지역의 종교를 세계적인 종교로 확장한 인물이다. 사도 바울의 글로벌 선교가 없었다면, 오늘의 우리에게까지 복음이 들어오기에 지금보다 훨씬 많은 시간이 걸렸을 것이다. 그는 신약 성경 27권 중에서 무려 13권이나 기록했다.

누구나 그러하듯이 바울의 인생에도 커다란 전환점이 있었다. 강경한 유대교인으로서 그리스도인들을 박해하기 위해서 다메섹으로 가는 길에서 예수 그리스도와 만난 것이다. 나는 바울 인생의 극적인 전환을 다메섹에서의 사흘로 보고 있다. 3일간의 시간 속에서 과거의 바울은 사라지고, 주님의 손과 발이 된 새로운 바울이 탄생한 것이다.

사도 바울은 2천 년 전 로마 제국의 식민지인 길리기아 '다소'(Tarsus)에서 태어났다. 그 당시 다소는 무역 도시로 경제적 풍요로움이 넘쳤고, 학문과 예술이 발달한 곳이었다. 바울은 풍요로운 도시에서 태어나 그리스 문화와 철학을 쉽게 접할 수 있었다. 그래서 그의 기독교 신학에서 고대 그리스 철학의 이론들을 쉽게 발견할 수 있다. 그는 태어나면서부터 로마의 시민권을 가졌다. 그의 가문이 당시에 상당한 부와 권력을 지니고 있었다는 말이다. 바울의 부모는 아들을 일찍이 예루살렘으로 유학을 보냈다. 바울은 그곳에서 당시

바리새파 중 최고의 학자인 가말리엘의 제자가 되었다.

바울의 본래 이름은 '사울'(שאול)이었다. 사울이라는 이름이 그의 인생 목표에 주는 의미는 매우 컸다. 그의 부모가 많은 이름 중에 아들을 사울이라 부른 이유는 무엇일까를 묵상해 보았다. 그것은 아들에 대한 큰 기대감 때문이었을 것이다.

베냐민 지파에서 가장 위대한 인물은 '이스라엘의 초대 왕 사울'이었다. 사울은 베냐민 지파만이 아니라 이스라엘 12지파를 대표할 만큼 뛰어난 인물이었다. 그래서 성경은 "이스라엘 자손 중에 그보다 더 준수한 자가 없고 키는 모든 백성보다 어깨 위만큼 더 컸더라"(삼상 9:2)라고 기록하고 있다. 바울의 아버지는 아마도 아들이 사울 왕같이 세상의 큰 자가 되길 바라면서 아들의 이름을 '사울'이라고 불렀을 것이다. 사울 왕같이 크고 위대한 사람이 되어서 가문의 이름을 높이길 바라는 기대감에서였을 것이다.

사울은 부모의 기대에 부응해서 당시 최고의 학자인 가말리엘의 제자가 되었고, 예루살렘 산헤드린 공회의 신임을 받는 전도유망한 청년으로 성장했다. 특별히 그는 유대교가 말살하고자 한 그리스도 교인을 핍박하는 데 선봉에 섰다. 그는 스데반 집사를 돌로 쳐서 죽이는 현장에도 있었다. 성경은 "성 밖으로 내치고 돌로 칠새 증인들이 옷을 벗어 사울이라 하는 청년의 발 앞에 두니라"(행 7:58)라고 기록했다. 또한 그는 직접 그리스도교인을 잡아 가두는 데 앞장섰다. 사도행전 8장 3절에서 "사울이 교회를 잔멸할새 각 집에 들어가 남녀를 끌어다가 옥에 넘기니라"라고 말씀한다.

이처럼 사울은 교회를 박해하는 유대인 중에 가장 열심 있는 대표자였다. 그는 십자가에 달린 죄수 예수를 '메시아'라 선포하는 복음 운동을 도저히 하나님의 뜻으로 확신할 수 없었다. 왜냐하면 구약성경에 나무에 달린 자마다 저주를 받은 자라고 기록되어 있기 때문이었다(신 21:23). 그래서 사울이 아는 한 예수는 거짓말쟁이였고, 이 예수를 따른 무리는 하나님에 대한 불경죄를 짓는 자들이었다.

사울은 그 당시 다메섹으로 피신한 그리스도교인들을 잡아 가두기 위해서 산헤드린 공회의 공문을 갖고 다메섹으로 출발했다. 사울이 다메섹에 가까워진 정오 무렵에 하늘로부터 강렬한 빛이 사울에게 비추었다. 태양 빛보다 더 밝은 빛이었다. 강렬한 빛은 사울을 땅에 엎드러지고 하나님의 음성을 듣게 했다.

"사울아 사울아 네가 어찌하여 나를 박해하느냐"(행 9:4).

사울은 처음에는 그 음성이 하나님의 음성인지 몰랐다. 그래서 "주여 누구시니이까"라고 물었고, "나는 네가 박해하는 예수라" 하는 응답을 받았다. 예수님은 그에게 "너는 일어나 시내로 들어가라 네가 행할 것을 네게 이를 자가 있느니라"라고 말씀하셨다. 그런데 너무도 신비하게도 사울과 함께 있던 사람들은 빛은 보면서도 주님의 음성을 듣지 못했다. 사울은 땅에서 일어나 눈을 떴으나 아무것도 볼 수가 없었다. 주위 사람들의 도움을 받아 겨우 다메섹 성 안으로 들어갈 수 있었다.

"사흘 동안 보지 못하고 먹지도 마시지도 아니하니라"(행 9:9).

하나님은 사울의 눈을 만지셨다. 사울은 사흘 동안 시력을 완전히 상실했다. 사울은 길 위에서 주님의 음성을 듣고 사람의 손에 의해서 다메섹에 들어갔지만, 그 후로는 아무런 도움을 받을 수 없었다. 예수님은 사울에게 시내로 들어가면 네가 행할 것을 말할 사람이 있다고 했지만, 아무도 나타나지 않았다. 그를 기다리는 사람은 없었다. 그는 절망적인 사흘간의 시간을 보내야만 했다. 사울에게 다메섹에서의 3일은 사망에서 다시 태어난 거룩한 시간이었다.

왜 주님은 사흘 동안 침묵하셨을까? 왜 주님은 그를 앞을 볼 수 없는 흑암 속에 사흘 동안 내버려 두셨을까를 묵상해 보았다. 과거의 사울이 철저히 죽어야만 했다. 사울이 완전히 죽어야 할 시간이 3일이었다. 예수님이 십자가에서 죽으신 후에 3일 동안 무덤에 계셨듯이, 사울도 사흘 동안 죽어야 했다. 사울은 사흘 동안 먹지도 마시지도 아니했다. 곧 스스로 죽음을 자청한 금식을 한 것이다. 사흘 동안 과거 자신의 모든 생각, 지식, 욕망이 불태워지면서 전혀 다른 사람으로 변해 갔다. 그의 옛 정체성이 변화되어 새로운 정체성으로 빚어지기 시작한 것이다.

그런데 하나님은 고통받는 사울을 위해서 한 사역자를 준비하고 계셨다. 그의 이름은 '아나니아'였고, 하나님의 영이 임하셨다. 하나님은 환상 중에 그에게 임하여 "다소 사람 사울에게 가서 안수하여 다시 보게 하라"라고 명령하셨다. "다시 보게 하라"라는 말씀은 사울의 인생 변화를 말한다. 아나니아가 사울을 찾아가서 안수하자 그의 눈에 비늘 같은 것이 벗겨지고 다시 앞을 보게 되었다(행 9:18). 곧 그동안 세상을 바로 보지 못하게 했던 헛된 비늘들이 떨어져 내린 것이다.

그렇다. 우리의 눈에는 헛된 비늘들이 덮여 있다. 우리는 눈의 비늘을 벗겨 내야 한다. 곧 사울처럼 사흘간 철저히 나를 죽이는 시간이 필요하다. 사울은 그동안 욕망과 출세에 가려서 세상을 바로 보지 못하게 했던 비늘을 사흘 동안 벗겨 냈다. 그래서 그는 세상의 큰 자 '사울'에서, 작고 겸손한 자 '바울'이 된 것이다.

바울은 로마서 1장 1절에서 자신의 정체성을 다음과 같이 소개하고 있다.

> "예수 그리스도의 종 바울은 사도로 부르심을 받아 하나님의 복음을 위하여 택정함을 입었으니."

이 말씀을 헬라어 성경으로, 보면 가장 먼저 나온 말이 '파울로스'(παυλος)이다. 파울로스는 사울의 헬라식 음역이지만, 여기에는 중요한 영적인 의미가 있다. 파울로스는 '멈추다, 쉬다'라는 뜻의 '파우오'(παύω)에서 나온 말이다. 바울은 로마에 있는 그리스도인들에게 자신의 정체성을 "나는 하나님이 말씀하시면 멈출 수 있는 자다"라고 소개했다. 과거 사울은 자신의 결심과 욕망을 위해서는 절대 멈추지 않았다. 한번 하겠다고 결심하면 목에 칼이 들어와도 하는 사람이었다. 그런 사울이 사흘 동안의 죽음을 통해서 주님이 말씀하시면 언제 어디서든 멈출 수 있는 자가 된 것이다.

바울은 로마의 성도들에게 자신을 '멈출 수 있는 자'라고 규정하면서, 동시에 예수 그리스도의 종이라고 소개하였다. '종'은 헬라어로

'둘로스'(δουλος)이다. 종은 모든 특권과 자유를 포기한 자다. 쉽게 말해서 '자기 생각이 없는 자'다. 종은 주인의 생각을 자기 생각으로 여기며 산다. 그런데 과거 사울은 어떤 사람이었는가? 그는 스스로 주인이 되어서 자기 생각을 최고로 여기며 살았다. 그래서 한번 마음을 먹으면 어떤 일이라도 해야 했다. 그러나 사울에서 바울로 변화되고 나서는 모든 일에 '멈출 수 있는 자'가 되었다.

바울은 예수님을 만난 후에 한 번도 자신을 높이지 않았다. 그는 사도들 중에서 가장 학식이 높았다. 헬라어에 능통했고 당대의 유명한 학자들과 자웅을 겨룰 만했다. 그러나 변화된 바울은 자신을 "모든 성도 중에 지극히 작은 자보다 더 작은 나"(엡 3:8)라고 고백했다. 바울의 믿음이 더욱 성숙해지자 자신을 보통 사람도 되지 못한다고 고백한 것이다. 스스로를 "만삭되지 못하여 난 자"(고전 15:8)라고 했는데, 곧 칠삭둥이, 팔삭둥이처럼 미성숙한 아이에 불과하다는 것이다. 그는 더 나가서 자신을 "죄인 중에 내가 괴수"(딤전 1:15)라고까지 했다. 이것은 무엇을 의미하는가? 도저히 용납될 수 없는 자가 하나님의 은혜로 구원받았음을 고백한 것이다.

바울의 이런 고백이 도대체 어디서 나올 수 있었는가? 다메섹에서 예수 그리스도를 만난 후 사흘간의 깊은 고난을 통해서 빚어진 것이다. 바울의 인생에 사흘간의 고난은 인류의 종말이 오기까지 바울의 이름을 영원히 남게 하는 거룩한 시간이 되었다. 우리는 사흘을 잘 견디어 내야 한다. 사흘을 믿음으로 잘 견디는 사람은 반드시 하나님께서 크고 놀랍게 사용하실 것이다. 그것이 바로 내가 경험한 하나님이시다.

여섯 번째 에피소드

인생 읽기

📝 가수 인순이의 삶과 노래

지난 성탄 전날에 아내와 김대중 컨벤션 센터에서 하는 인순이 콘서트를 보고 왔다. 우리 교인이 비싼 티켓을 선물해 주어 무대 바로 앞줄에서 볼 수 있는 수혜를 입었다. 이렇게 가까운 객석에서 공연을 관람해 보긴 처음이다. 그리고 "거위의 꿈"으로 익숙한 인순이 씨를 가까이에서 보며 노래를 들을 수 있어 한쪽 마음이 설레기도 했다. 공연이 시작되고, 나는 이미 그녀의 열정에 매료되고 있었다.

인순이, 적지 않은 나이에 그녀는 처음부터 뛰면서 노래했다. 그리고 우리 또래에게 익숙한 디스코, 고고, 개다리춤까지 소개하며 음악의 전 장르를 넘나들었다. 나는 노래 한 곡 한 곡을 부를 때마다 그녀가 혼신의 힘을 다하고 있음을 느낄 수 있었다.

경기도 연천 출신, 미군 병사인 아버지를 보지도 못했다는 혼혈아, 그녀의 기구한 인생을 아는 사람은 다 안다. 그래서 그녀의 인생 역전은 더 가치가 있고 숭고하게 보인다. 콘서트는 "아버지"를 부르며 우는 인순이의 과거를 지나 "나는 꿈이 있어요" 하고 미래를 노래하며 막을 내렸다.

오늘도 이 세상에 얼마나 많은 인순이가 있을까를 생각해 본다. 노래하는 인순이는 '생명의 떡'이신 주님을 만났다. 그리고 나는 꿈이 있다고 노래했다. 절망의 벽 앞에서 희망의 사선을 뛰어넘었다. 그래서 정말이지 그녀는 충분히 사랑받을 만한 자격이 있는 사람다.

그녀는 불행한 환경 가운데 태어났으나 늘 밝고 당당하게 살고 있다. 어떤 기자가 인순이에게 "인생의 최고 절정의 순간은 미국 카네

기홀 공연이었나요?"라고 물었을 때, 그녀는 아니라고 했다. 그 대신 "뉴욕 카네기홀 공연 후 바로 이어서 가진 워싱턴 국방성 공연이 제 인생의 최고의 순간이었어요"라고 말했다. 그녀는 공연 자리에 6·25 전쟁 참전 용사들이 많이 참여하게 해 달라고 부탁했다. 그리고 그렇게 마련된 자리에서, 장내에 가득한 참전 용사들 앞에서 이런 고백을 했다.

"당신들 모두 내 아버지이고 나는 당신들의 딸입니다. 나와 같은 딸을 둔 것 때문에 너무 가슴 아파하지 마세요. 난 당신들을 원망하지 않습니다. 아니, 하나님의 사랑 때문에 태어난 것입니다. 그리고 나는 지금 절대 불행하지 않습니다. 아름다운 인생을 살고 있습니다. 난 이 말을 하려고 여기에 왔습니다. 나의 아버지들이여! 당신들을 사랑합니다."

그 순간이 절정이었다고 했다. 자신의 운명을 애꿎은 모습으로 만들어 놓은 그 사람들을 향해 용서와 사랑 그리고 축복을 듬뿍 전해 주었다.

내게 해를 끼치고 갈등의 소용돌이 속으로 몰아넣은 사람들 앞에서 오늘도 수많은 생각이 떠오를 것이다. 그때 우리의 선택은 두 가지다. 보복할 것인가, 용서할 것인가. 내게 상식적으로 용납할 수 없는 일을 가한 사람을 용서하는 것은 결코 쉬운 일이 아니다. 그러나 용서할 수 없다고 분노하여 보복한다고 해도 나의 감정과 상처가 낫고 해결되지 않는다. 오히려 분노의 노예가 되어 또 다른 가해자가 되고 만다. 그러므로 모든 생각과 선택은 나의 몫이고 나의 책임이다.

📝 '로마'가 '동양' 때문에 망했다(?)

몇 해 전, 가깝게 지내던 고등학교 친구를 오랜만에 만났다. 친구는 인사를 나누기가 바쁘게 다짜고짜 "로마가 동양 때문에 망한 사실을 아느냐"라고 물었다. 처음엔 무슨 말인가 했다. 나는 역사와 시사에 박식한 내 친구가 분명 무언가 연구했거나 발견해 냈다고 생각했다. 그러나 아무리 생각해도 로마가 동양 때문에 망했다는 것은 이해되지 않았다. 당시 로마는 정치, 경제, 교육, 군사의 중심지였고, 우리나라를 포함한 동양은 세계의 변방에 있었기 때문이다. 변방 정도가 아니라 역사와 시대적 관점에서 보면, 둘 사이의 간극은 매우 커서 그 당시 동양은 로마에 비하면 그 원시성을 극복하기 어려울 정도였다.

내 친구는 심각해진 나의 모습을 보며 한참을 웃었다. 그러더니 시내에 있는 '로마 나이트클럽'이 잘 되다가, 터미널 뒤에 '동양 나이트클럽'이 새로 생긴 후로 망하고 말았다고 했다. 새로 생긴 나이트클럽의 시설이 얼마나 좋았는지, 한참 춤을 추는 중에 한 번씩 지붕을 통째로 열어 준다고 했다. 춤을 출 때 밤하늘이 보이고 별도 보이고 달도 보이는 최첨단의 시설 때문에 로마 나이트가 동양 나이트에 밀려 망했다는 것이다. 그러니 로마가 동양에 망한 것 아니냐며 친구가 깔깔거렸다. 그 이야기를 들으며 한참을 씁쓸하게 웃었다. 나이트클럽의 무한 경쟁이 불러온 타락한 밤 문화의 어두운 한 단면이다.

역사학자 아놀드 토인비는, 로마는 마음과 인격이 먼저 무너졌기 때문에 망했다고 했다. 모든 분야가 발전해도 마음과 인격의 분야가 무너지면 그 사회는 무너질 수밖에 없다. 그러므로 마음을 정비하고 지키는 것은 가장 우선적으로 힘써야 할 일이다. 불필요한 비교의식이나 열등감이 얼마나 무서운 삶의 독소인지 알아야 한다.

초일류 국가는 마음의 정비에서 시작되고, 믿는 우리가 말하는 소위 영적인 '장자 국가'도 마음의 정비에서 시작되어야 한다. 정비되지 않은 마음으로는 결코 어디서에서도 영향력 있는 사람이 될 수 없다. 마르틴 루터는 "우리가 매일 수염을 깎듯이 우리 마음을 다듬어야 한다"라고 말했다. 마음의 정비는 필생의 과제라는 말이다. 성공보다 성공 관리가 어렵고, 성공 관리보다 마음 관리가 더 어렵다.

📝 빛고을 광주 정신

몇 해 전 광주에서 세계 유니버시아드 대회가 열렸다. 유니버시아드는 대학생들의 올림픽이란 뜻이다. 유니버시아드 대회의 원래 명칭은 'University Olympiad'였는데, 대학(University)과 올림피아드(Olympiad)를 합친 말인 '유니버시아드'(Universiade)로 바꿨다. 1923년 프랑스 파리에서 시작되었고, 2차 세계대전과 동서 이념 대립으로 중단되었다가, 1959년 이탈리아의 토리노 대회 때부터 다시 이어져 왔다. 이 대회는 올림픽과 마찬가지로 하계 대회와 동계 대회로 나누어 개최되며 우리나라에서는 무주에서 동계, 대구에서 하계 대회를 이미 치른 경험이 있다.

광주 유니버시아드 대회가 성대하게 막을 내렸다. 대회를 유치할 때부터 말도 많고 탈도 많았다. 경쟁력 있는 도시들을 뒤로하고 로비로 따낸 행사라는 오해와 편견이 앞으로 치를 광주 세계수영대회와 함께 무수한 말을 만들어 내기도 했다. 그래서 이런 국제대회를 메인 뉴스로 내보내지 않은 공영방송에 대한 유감이 공분을 사게 만들기도 했다. 대회는 메르스의 악재와 함께 시작됐고, 북한은 군사적 대립을 남한이 포기하지 않는다는 이유로 불참했다.

그러나 광주가 이 큰 행사를 치를 수 있을 것인가 하는 염려를 말끔히 씻어낸 유니버시아드는 젊은이의 축제가 되었다. 우리 선수들도 신장 좋은 서구 유럽과 14억 중국과 붙어 우수한 성적을 내며 멋진 경기력을 보여줬다. 물론 국가대표급으로 활동하는 대학생 선수들이 많이 참가했고, 금메달을 획득할 경우 연금 점수가 아시안 게

임 수준으로 주어지기 때문에 선수들에게도 동기부여가 많이 되어 더 열심히 했다고는 하나, 세계 종합 1위라니, 기적의 광주로 함성을 지르는 데에 충분했다.

대회 마지막 날 새벽기도회를 인도하러 선수촌교회로 들어가는 GateⅡ 앞에서 주신 말씀은 '광주를 내 백성으로 삼아 제사장 나라로 만들어 복의 통로로 삼겠다'는 비전이다. 우리나라의 오천 년 역사는 풀뿌리 민족의 역사다. 전쟁과 가난, 보릿고개를 피와 땀으로 넘었다. IMF의 만신창이에서 다시 일어난 민족이다. 먹고 살기도 힘든, 가난이 대물림되는 나라에 복음이 들어왔다. 살길이 열린 복된 소식이다. 영생의 소망도 풍요로운 세상도 민주적인 질서도 복음을 통해 선물로 주어졌다. 그리고 복음을 역수출하는 선교 국가로 생명을 유통하고 섬기고 나누고 베푸는 민족으로 세우셨다. 국민 1인당 GNP가 파송 선교사 숫자와 같다는 말을 들은 적이 있다. 밤을 꼬박 새며 울고 감사해도 부족할 일이다.

무엇보다 감사한 것은 내가 사랑하는 빛고을 광주가 복의 통로로 쓰임받고 있다는 것이다. 언제부터인가 광주는 전라국이라 말할 만큼 정치적으로 소외된 곳이 되었다. 1980년 5월 18일 광주 항쟁을 나는 생생히 기억한다. 수많은 젊은이들이 죽었다. 그것도 우리 세금으로 먹이고 입힌, 우리의 안전을 지켜야 할 군인들의 총에 죽었다. 암흑의 도시, 광주는 피로 얼룩진 금남로, 충장로를 기억한다. 그런데 이제 세계 유니버시아드 대회를 유치하는 제사장의 도시가 되었다.

나는 광주를 사랑한다. 그리고 무엇보다 광주 정신을 사랑한다.

광주는 불의에 항거하는 용기 있는 도시다. 총칼 앞에서도 무릎 꿇지 않는 정의의 도시다. 당시 내 나이 26세였다. "정의의 스톨로 내 목을 감싸시고, 죄의 모든 타락으로부터 우리 영혼을 맑히소서"라고 기도했다. 학교 선배 문영동 전도사는 도청을 지키다 계엄군의 총에 맞아 죽었다. 정의가 사는 세상을 위한 죽음이 가장 가치 있는 일이라 생각될 때 과감히 죽음을 선택한 정의로운 도시가 광주다.

광주는 치안 부재 상태에서도 시중 은행은 물론이요 동네 슈퍼 하나도 강도 만난 일이 없는 정직한 도시다. 서로가 서로를 지켜주고 네 재산이 내 재산이라고 생각했다. 당시 뉴스는 북한이 간첩을 보내 나라를 전복시키려고 폭동을 일으켰다고 거짓말을 했다. 그러나 그때 광주는 너무나 질서 있고 평온했다.

광주는 광주를 지키는 사람들을 위해 이 골목 저 골목 주먹밥으로 생명의 밥상을 만들어준 도시다. 생필품이 차단되고 먹을 것이 공급되지 않는 상황에서 시민군과 부상당한 사람들을 나르고 치료하는 자원 봉사자들을 위해 어머니들이 팔을 걷어붙이고 나섰다. 이때 주먹밥은 생명이자, 정의요, 희망이었다. 광주는 이미 섬김과 나눔이 몸에 배인 축복의 도시다.

광주는 빛고을이다. 빛의 도시다. 사도 요한은 말씀이 빛이라고 했다. 말씀이 예수님이니까 빛의 도시는 예수님의 도시란 뜻이다. 누가 도시 이름을 이렇게 지었는가! 이 빛고을 도시에서 세계 유니버시아드 대회가 열리고 우리나라가 종합순위 금메달을 따냈다. 물론 순위가 중요한건 아니지만 광주는 이제 세계를 품은 제사장의 도시가 되었다. 무엇보다 광주를 사랑하는 시민들과 젊은 기독 대학생들, 전국에서 몰려온 자원봉사자들의 섬김이 또한 금메달감임을 보여준 대회였다. 화정동 선수촌 GateⅡ 앞에서 이른 아침에도 넘쳐나는 자원봉사자들을 보았다. 세계 속에 우뚝 선 광주를 본다. 빛고을 광주를 더욱 사랑하게 되었다.

📝 평화 음악회를 열면서

'팍스 로마나'(Pax Romana)라는 말이 있다. '로마의 평화'라는 뜻이다. 로마 제국이 전쟁을 통해 영토를 확장하면서 오랜 평화를 누렸던 1-2세기경의 시기를 말한다. 이 시기는 고대 로마 역사상 유례없는 태평성대이긴 하였으나, 로마제국의 지배를 받던 식민지에서는 로마의 평화 유지를 위한 폭력과 착취로 고통받는 일들이 다반사로 일어났다. 로마의 평화가 폭력과 착취로 유지되는 가짜 평화라는 사실을 말할 때 '팍스 로마나'를 말한다.

우리는 가짜 평화의 경험을 갖고 있다. 국가 폭력에 의해 인권이 유린되고 무고한 사람이 죽어 나가도 나라는 평화롭게 보였다. 획일화된 군대의 힘 앞에 무력한 백성이 있을 뿐이고, 힘에 의해 가짜 평화가 유지된 얼마간의 역사를 또렷이 기억하고 있다. 광주는 그래서 아직도 피해 의식이 있다. 누구든 마음껏 환대하지 못하는 이유이기도 하다.

이제 평화 음악회를 열면서 예수님의 '원수를 사랑하라'는 외침을 상기한다. 그리고 이 같은 피 묻은 역사의 깃발을 내리며 인간과 구조를 함께 사랑으로 변화시키는 복음의 대안적 음성을 듣는다. '그러나 나는 너희에게 말한다. 너희 원수를 사랑하고 너희를 박해하는 사람을 위하여 기도하라'(마 5:44).

과거와 화해하긴 쉽지 않다. 우린 과거와 지나치게 싸우며 인생을 낭비하고 사는 경우가 너무 많다. "과거와 현재가 싸우면 미래를 잃는다." 윈스턴 처칠(Winston Churchill)이 한 말이다.

십자가에 달려 괴로워하는 예수님께 무자비하게 창을 던진 로마의 권력을 향해 예수님은 용서의 기도를 드렸다. 그런데 이 기도의 순간 '팍스 로마나'는 그 뿌리째 흔들리며 힘없이 무너진다. 그리고 마침내 예수님의 부활로 '팍스 그리스도'는 참 평화의 빛을 세상과 역사 속에서 영원히 비추게 된다.

지금도 세상은 가짜 평화가 득세한다. 가짜 사랑은 결국 이혼을 하기 위해 법정을 드나들고, 가족의 가짜 평화는 돈 때문에 갈라진다. 위장된 모습의 가짜 평화는 아파트 발코니를 서성거리게 할 수 있다. 죽을까 두려워 떨며 숨어 있는 제자들에게 부활의 주님이 찾아 오셨다. 그리고 미래가 불확실한 그들에게 말씀하셨다. "또 너희에게 이르시되 너희에게 평강이 있을지어다"(요 20:21).

진정한 평화, '샬롬'의 축복이 평화 음악회를 통해 우리 모두에게 임하길 진심으로 축복한다.

📝 '험담'이라는 화살

"남을 중상모략하는 자는 무기로 사람을 해치는 것보다 죄가 더 무겁다. 무기는 가까이 다가가지 않으면 상대를 해칠 수 없지만, 중상은 멀리서도 사람을 해칠 수 있기 때문이다."

"험담은 살인보다도 위험하다. 살인은 한 사람만을 죽이지만 험담은 반드시 세 사람을 죽인다. 험담을 퍼뜨리는 사람, 그것을 부정하지 않고 듣고 있는 사람, 그리고 화제가 되어 있는 사람."

"손가락이 자유로이 움직이는 것은 험담을 듣지 않기 위해서이다. 험담이 들려오거든 재빨리 귀를 막아라."

험담과 관련된 이 말들은 모두 탈무드에 나온다. 험담이 얼마나 무서운 것인지를 잘 보여 준다.

늘 그랬던 것인지 요즘 들어 심해진 것인지는 몰라도, 근거도 없이 남을 비방하는 일을 주변에서 자주 본다. 비방하는 사람이 쉽게 이야기하는 것에 비해서, 비방을 받는 사람은 너무도 치명적인 상처를 입는다. 사실 여부에 상관없이 명예와 신뢰를 한순간에 잃어버린다. 그런데 정작 비방을 한 사람은 '아니면 말고' 식이다. 자신의 언어폭력이 그 어떤 흉기보다 더 무섭다는 것을 그는 까마득히 모르고 있다. 어쩌면 모르는 척하면서 은근히 즐기는 것인지도 모르겠다.

이솝 이야기 중에 이런 이야기가 있다. 늙은 사자가 병이 나서 자리에 눕자, 숲의 모든 동물이 문병을 다녀갔다. 그런데 웬일인지 여우만은 나타나질 않았다. 늑대는 이때다 싶어 사자에게 여우의 잘못을 미주알고주알 고해바쳤다. 그러면서 여우가 사자를 동물의 왕으로 인정하지 않아 병문안도 오지 않는 것이라고 말했다.

때마침 여우가 와서 늑대가 하는 말을 들었다. 늑대의 말에 몹시 화가 난 사자는 때맞춰 나타난 여우를 보자 노여움을 터뜨렸다. 여우는 몇 번이고 자기의 잘못을 사죄한 후 엎드려 사자에게 말했다. "사실 저는 왕의 병을 고치기 위해 이곳저곳 용한 의사를 찾아다니느라고 늦었습니다. 마침내 병을 고칠 수 있는 방법을 알아 냈습니다." 흐뭇해진 사자는 병을 고치는 방법을 물었다. 그러자 여우가 천연덕스럽게 대답했다. "늑대의 생가죽을 벗겨서 식기 전에 아픈 곳에 붙이면 됩니다." 늑대가 당장에 붙잡혀 가죽이 벗겨진 채 죽임당한 것은 당연한 일이었다.

남을 험담한 결과는 시간이 걸릴 뿐 결국 자신에게로 돌아온다. 콩 심은 데 콩 나고 팥 심은 데 팥 나는 것처럼, 말도 씨앗만큼이나 정직한 열매를 맺는다. 험담이라는 화살은 결국 자기 자신을 향하게 된다.

선한 사마리아인의 법

어떤 사람이 위험한 지경에 처한 것을 보고도 도와주지 않아 그 사람이 생명을 잃었다면, 도울 수 있음에도 불구하고 도와주지 않는 그 사람을 법적으로 처벌해야 할까? 아니면 돕는 일은 의무가 아니라 자기 마음대로이니 처벌하면 안 되는 것일까? 예를 들어 어린 학생이 물에 빠져서 허우적거리고 있는 것을 뻔히 보면서도 도와주지 않아서 그 학생이 물에 빠져 죽었다면, 도움을 주지 않고 방관한 이 사람을 처벌해야 할까, 아니면 처벌해서는 안 되는 것일까?

세계 여러 나라의 형법에는 '선한 사마리아인의 법'이 있다. 프랑스 형법 63조 2항에는 "위험에 빠져 있는 사람을 구조해도 본인에게 위험이 없음에도 불구하고 자의로 구조하지 않는 자는 3개월 이상 5년 이하의 징역, 혹은 360프랑 이상 1,500프랑 이하의 벌금에 처한다"라고 규정하고 있다. 우리나라 돈으로 환산하면 40만 원 이상, 170만 원 이하의 벌금이다. 미국 대부분 주와 영국, 프랑스, 독일, 스위스, 오스트리아, 덴마크, 헝가리, 이탈리아, 네덜란드, 스페인, 노르웨이, 포르투갈, 러시아, 폴란드, 일본 등이 유사한 법률을 채택하고 있다. 실제로 영국의 전 황태자비 다이애나가 교통사고를 당했을 때 도와주지 않고 사진만 찍은 파파라치가 이 법에 의해 처벌을 받았다.

그렇다면 우리나라에도 '선한 사마리아인의 법'이 있을까? 우리나라도 2008년 6월 13일에 개정되고 도입되어 2008년 12월 14일부터 시행되었다. 그러나 우리나라의 법은 아직 처벌 규정은 없다. 사고를 당한 사람을 도와주려 하다가 그 결과가 잘못되어 오히려 자신이 소송에 휘말리거나 죄를 덮어쓰는 경우가 많았는데, 이러한 민·형사상의 책임을 감면 또는 면제해 주겠다는 식의 응급 의료에 관한 법률이 제정되었을 뿐이다.

지금 우리는 사랑과 선행에 대해서 사회법적인 요구에 직면하고 있다. 세상도 성경에 나와 있는 사마리아인의 선행에 좋은 영향을 받아 법으로 제정하는 과정에 있다. 하물며 이 법의 원본을 가지고 있는 하나님의 자녀들이, 이 법의 원본을 직접 수여받은 하나님의 교회가 이웃 사랑을 등한시한다면 어떻게 되겠는가? 인류 보편적인 관점에서도 꼭 필요로 하는 선한 사마리아인이 되기를 요구받고 있다. 우리는 마침내 세상 사람들에게 이런 고백을 들을 수 있어야 한다.

"그리스도인들만큼 세상에 필요한 사람이 어딨어! 이 세상에 그리스도인들이 없이 어떻게 살 수 있단 말이야?"

그리스도인의 삶의 핵심은 사랑이다. 첫 번째로 하나님을 사랑해야 한다. 그리스도인은 하나님을 사랑하는 자로 부름받은 자들이다. 그렇다면 하나님을 사랑하되 어떻게 사랑해야 하는가? 마음을 다하고 목숨을 다하고 뜻을 다하여 사랑해야 한다. 두 번째는 이웃을 사랑해야 한다. 이웃을 사랑하되 어떻게 사랑해야 하는가? 내 몸을 사랑하듯 이웃을 사랑해야 한다. 바로 이것이 하나님이 우리에게 요구하시는 가장 단순하고도 가장 명료한 삶의 원칙이다. 우리는 하나님을 사랑하고, 이웃을 사랑해야 한다.

📝 네 번이나 본 영화 〈클리프행어〉

나는 영화를 꽤 좋아한다. 요즘은 시간이 없어 거의 보지 못하지만, 지금도 관객 수천만을 돌파한 영화는 꼭 보려고 노력한다. 시청률 30퍼센트를 넘긴 드라마는 다시 보기로 확인한다. 현대인의 관심이 어디에 있는지, 세상이 어떻게 돌아가는지 정도는 알아야 한다는 설교자의 관심의 발로인 것 같다.

그런데 옛날엔 영화를 정말 좋아했다. 학창 시절 장엄한 스케일과 탄탄한 스토리로 감성을 자극했던 명화의 장면들은 아직도 기억에 생생하다. 〈벤허〉에서 찰톤 헤스톤의 전차 경주의 명장면, 〈바람과 함께 사라지다〉에서 비비안 리가 한 "내일은 또 내일의 태양이 뜬다"라는 명대사, 〈사운드 오브 뮤직〉 속 알프스의 아름다운 초원에서 줄리 앤드류스가 부른 자연의 노래들, 그리고 존 웨인이 출연하는 정통 서부극을 좋아했다. 정통 서부극은 절대 뒤에서 총을 쏘지 않는다. 그래서 좋았다.

그런데 내가 본 그 많은 영화 중에 잊지 못할 영화 한 편이 있다. 실베스타 스탤론의 〈클리프행어〉(Cliffhanger, 1993)라는 영화다. 나는 이 영화를 무려 네 번이나 보았다. 그래서 영화의 줄거리를 지금도 외우고 있다. 처음에는 아내와 함께 보았는데, 시간 가는 줄 몰랐다. 록키산의 산악구조대원이 악당들과 싸우는 내용으로 영화 전 편을 숨 막히게 달군다. 기암괴석의 설원에서 펼쳐지는 우정과 사랑을 주제로 한 산악 액션물로 스릴이 넘친다. 그리고 악의 무리를 소탕하는 통쾌함까지 더한다.

영화의 잔상이 아직도 생생한 어느 날 오랜만에 친한 동기 모임 하였다. 식사를 마치고 정담을 나누고 있을 때 한 친구가 좋은 영화가 있는데 함께 보자고 제안했다. 그 영화가 〈클리프행어〉였다. 나는 그때 이미 본 영화라고 말하지 못했다. 판을 깨선 안 된다는 생각에서였다. 영화가 워낙 재미있어 두 번도 볼 만했다.

그리고 몇 달 뒤 당시 중학교에 다니던 큰딸에게서 전화가 왔다. 재미있는 비디오를 빌려 왔으니 함께 보자며 일찍 들어오라는 것이다. 모처럼 딸과 함께 오붓하게 볼 영화에 대한 기대감이 있었다. 집에 도착했고 내 앞에 내민 비디오는 〈클리프행어〉였다. 나는 그때도 이미 본 영화라고 말하지 못했다. 이유는 딱 하나, 모처럼 갖게 된 딸과의 소중한 시간을 절대 깨선 안 된다는 생각 때문이었다. 그리고 글을 쓰기 위해 얼마 전 이 영화를 인터넷에서 다운받아 한 번 더 보았으니, 영화 한 편을 네 번이나 보는 기록을 세운 것이다.

나는 〈클리프행어〉에 얽힌 내 얘기가 단순한 배려나 값싼 사랑의 행위로만 여겨지지 않길 바란다. 시간을 내고 마음을 주고 함께하기 위해 기꺼이 손해를 감수하는 것이, 우리가 살아 내야 할 그리스도인의 삶의 자세가 아닐까.

'클리프행어'란 소설이나 영화에서 갈등이 해결되지 않고 어려운 상황에 놓이도록 둔 채 끝나는 이야기 형식이나 줄거리 장치를 말한다. 경제가 어렵고 나라가 어렵다고들 말한다. 언제 어렵지 않던 때가 있었던가. '클리프행어'는 영화의 반전을 가져온다. 위기 속에서 드라마는 다음 편을 예고한다. 우리도 '클리프행어'하며 주님을 바라보자. 상황을 능히 역전시킬 주님을 기대하자.

📝 산다는 것은 황홀한 것이다

'없는 것'에 대한 집착이 심했던 일본의 한 여학생이 있었다. 18세 때, 그녀는 어머니를 잃고 사는 것에 회의를 느껴 달리는 전철에 몸을 던졌다. 그 결과 두 팔과 두 발 중에 손가락 세 개만 붙은 오른팔만 남았다. 손발이 없고 살 기력과 희망도 없었던 그녀는 극도의 절망감에 빠져 수면제를 모으며 완벽한 자살을 준비했다.

어느 날, 그녀는 타하라 아키토시란 한 신학생의 병원 전도를 받고 성경을 읽다가 이 말씀을 발견했다.

"누구든지 그리스도 안에 있으면, 그는 새로운 피조물입니다. 옛 것은 지나갔습니다. 보십시오, 새 것이 되었습니다"(고후 5:17).

그 말씀을 보는 순간, 그녀는 자신의 오른팔에 손가락이 무려 세 개나 있다는 사실에 감격했다. 그때부터 그녀는 '없는 것'에 집착하지 않고 '있는 것'에 감사하며 살기 시작했다. 그녀의 내면은 점차 아름다워졌고 그 아름다움에 반해 한 남자가 청혼했다. 바로 그녀를 전도했던 타하라였다. 둘은 가정을 이루고 두 딸을 낳고 지금도 행복하게 살고 있다. 그녀가 《산다는 것이 황홀하다》(솔라피데출판사, 2010)는 책의 저자 다하라 요네코다. 다음 이야기는 그 책에 있는 '감자와의 전쟁' 이야기다.

어느 날, 그녀가 음식 준비를 위해 감자껍질을 벗기려는데 손가락 세 개만 남은 오른팔을 비웃듯 감자가 손을 벗어났다. 그녀는 필사적으로 식칼을 들고 감자를 따라다녔지만 감자의 비웃음은 계속되었다. 무서운 절망감 때문에 그녀는 식칼로 자신을 찌르고 싶은 충동까지 느꼈다. 그때 그녀는 마음을 가다듬고 기도했다.

"저 같은 사람에게도 남편과 자녀를 주신 사랑의 하나님, 사랑하는 남편과 자녀를 위해 감자 요리를 하게 도와주세요."

그러자 곧 좋은 생각이 떠올라 감자를 도마 위에 올려놓고 식칼로 반을 잘랐다. 그때부터 감자는 순한 양처럼 얌전히 한곳에 정지된 채 있었다. 그 감자껍질을 위부터 살살 벗겨 맛있는 감자 요리를 해서 그날 식탁은 더욱 풍성한 식탁이 되었다. 그녀는 지금도 요리, 청소 등 거의 모든 살림을 혼자 하면서, 절망한 사람들을 만나면 자신의 몸을 보여주며 말한다.

"힘내세요. 하나님은 나 같은 장애인도 사랑하십니다. 당신이 귀한 것을 잃었겠지만 그래도 남은 것이 있습니다. 당신 자신은 여전히 존재하기 때문입니다. 당신이 하나님의 목적을 따라 살면 삶은 여전히 황홀할 것입니다."

📝 영화 〈기생충〉

강렬한 빨간색 드레스를 입은 그녀의 표정은 금방이라도 울음을 터뜨릴 것 같았다. 관객들의 기립박수 속에 시상대 마이크 앞에 선 그녀는 떨리는 목소리로 말문을 열었다.

"많은 가능성(potential)을 가진 사람들이 모여 있는 곳이 어딘지 아세요? 바로 무덤이에요. 늘 사람들은 내게 묻습니다. '비올라, 어떤 이야기를 하고 싶나요?' 그러면 '시체를 발굴해요. 그리고 그들의 이야기를 캐내요'라고 말해요. 큰 꿈을 꾸었지만 이루지 못한 사람들의 이야기, 사랑에 빠진 뒤 실연한 사람들의 이야기…. 전 예술가가 됐습니다. 예술가는 살아가는 것의 의미를 축하할 수 있는 유일한 직업(professional)이에요."

지난 2017년 2월, 제89회 아카데미 시상식에서 〈펜스〉(Fences)에 출연해 여우조연상을 거머쥔 비올라 데이비스의 수상 소감이다. 아카데미 역사상 최초로 세 차례 후보에 지명된 흑인 배우는 마침내 이 날 영예의 여우조연상 트로피를 품에 안았다.

위트 넘치는 소감으로 객석의 박수를 이끌어 낸 스타도 있다. 지난 2014년 제86회 아카데미 시상식에서 영화 〈달라스 바이어스 클럽〉으로 남우주연상을 수상한 미국 배우 매튜 맥커너히다. 흰색 턱시도 차림으로 시상식에 선 그는 "살면서 결코 잊지 않는 세 가지가 있다. 첫째는 내가 우러러 볼 수 있는 존재(신), 나를 앞으로 나아가게 하는 존재(가족), 내가 좇을 수 있는 존재(영웅)이다"라고 했다.

"15살 되던 해에 제가 소중하게 생각하는 사람이 물었습니다. '너의 영웅은 누구니?'라고요. 난 '시간을 좀 주세요'라고 대답했어요. 2주 후 그가 '너의 영웅은 누구니?'라고 물었을 때 '10년 후 저예요'라고 대답했습니다. 25살이 되었을 때 그가 '이제 영웅이 됐니?'라고 묻더군요. 하지만 저는 '근처에도 못갔어요'라고 말했죠. 그가 '어째서?'라고 물어서 '제 영웅은 35살의 저니까요'라고 답했어요. 하지만 제 영웅은 늘 저로부터 매일, 매주…10년이나 멀어져 있었어요. 아마 전 영웅이 되지 못할 거예요. 그렇지만 괜찮아요. 내가 끝까지 포기하지 않도록 할 테니까요."

매년 연말이면 누구인지 잘 알지도 모르는 이에게 감사 인사로 시작해 감사 인사로 끝나는 국내 영화제나 방송 대상 시상식의 수상 소감과는 격이 다르다.

한국 최초로 아카데미 4관왕 수상이라는 기념비적인 쾌거를 이룬 〈기생충〉(Parasite)의 봉준호 감독의 소감이 잔잔한 여운을 준다. 지난달 골든글로브 시상식에서 "1인치 정도 되는 장벽을 뛰어 넘으면 훨씬 더 많은 영화를 만날 수 있다"라는 명언으로 화제를 모은 그는, 이날 아카데미 시상식에서 "오스카에서 허락한다면 이 트로피를 텍사스 전기톱으로 잘라서 (다른 후보 감독들과 함께) 5등분 해서 나누고 싶다"라고 말해 웃음과 환호를 받았다. 각본상을 받은 후에는 "시나리오를 쓴다는 게 사실 고독하고 외로운 작업이다. 국가를 대표해서 쓰는 건 아닌데, 이 상은 한국이 받은 최초의 오스카상이다"라고 말해 감동을 선사했다. 〈기생충〉에 이은 또 하나의 아카데미상 감이 아닐 수 없다.

일곱 번째 에피소드

팬데믹 코로나19와 함께

📝 교회가 세상을 버리면 하나님은 교회를 버리신다

　전대미문의 코로나19 바이러스로 인해 세상이 요동을 치고 있다. 1년이 다 되도록 장기화되고 있는 바이러스 감염의 두려움으로 많은 사람이 무기력증에 빠진 것 같다. 언택트(untact) 비대면 시대가 왔기에 무언가 변화되어야 한다고 말한다. 4차 산업 시대나 인공지능 시대가 불가피한 현실을 직시하지 못하면 도태될 수밖에 없다는 미래학자들의 말들이 홍수를 이룬다. 그러나 무엇보다 예배가 영상으로 대체되고 교회 모임이 어려워지면서 믿음과 신앙의 절대가치가 함몰되고 있는 현실이 너무 마음 아프다. 예전과 같은 일상으로 돌아가는 일도 쉽지 않거니와 때를 얻든지 못 얻든지 전해야 할 주님의 지상명령인 전도는 아예 생각도 못 하고 있다.

　나는 그럼에도 불구하고 앞서 언급한 바와 같이 교회를 회복하여 다시 세상으로 나가야 하는 '마을 목회'(Village Ministry)가 시대의 대안일 수 있다고 생각한다. 이미 코로나 이전에도 교회에 대한 냉소주의는 있었다. 세상은 갈수록 물질만능주의, 집단 이기주의, 실용주의가 심화되고 있다. 그런데도 교회가 세상을 읽지 못하고, 개교회의 우물 안에 갇혀 내부 총질이나 하며 세상과 소통하지 못하는 것은 부끄러운 일이다. 자성하며 다시 일어서야 한다. 하비 콕스는 "교회가 세상을 버리면 하나님이 교회를 버리신다"라고 한 말은 다시 한번 새겨야 할 말이다. 이웃과 더불어 함께하는 교회, 주민과 소통하며 문턱을 낮춘 교회만이 이 난국을 헤쳐나갈 대안일 수 있다.

　나는 동네를 섬기는 일이 씨 뿌리는 비유에 나오는 좋은 밭을 만드는 것이라고 생각한다. '이미지 전도'라는 말을 많이 듣는데, 전도의 수단으로 이웃을 섬기면 사람들은 오히려 그 진정성을 의심한다. 나는 우리 교회가 특별히 잘한 것은 없지만 꾸준히 새 가족이 늘고 있는 것은 좋은 교회 이미지가 동네 주민들에게 각인되어 있기 때문이 아닐까 생각한다.

"오라 우리가 여호와께로 돌아가자 여호와께서 우리를 찢으셨으나 도로 낫게 하실 것이요 우리를 치셨으나 싸매어 주실 것임이라 여호와께서 이틀 후에 우리를 살리시며 셋째 날에 우리를 일으키시리니 우리가 그의 앞에서 살리라"(호 6:1-2).

📝 시체를 치우는 사람들

코로나로 많은 성도가 주일예배를 드리지 않고 있다. 그래도 우리 교회 수요기도회는 평소 숫자가 줄지 않았다. 그리고 기도를 더 열심히 하는 성도들을 보며 오히려 내가 더 감동한다. 물론 우리가 기본적인 수칙을 지키고 안전에 최선을 다해야 한다. 그러나 미리 겁먹고 두려움에 떠는 것은 기독교인의 자세가 아니다.

기독교인은 시체를 치우는 사람들이다. 초대교회 때에 전염병이 로마를 덮쳤다. 손만 대면 옮기는 무서운 병이 창궐했다. 그런데 어디선가 검은 옷을 입은 사람들이 시체를 치우며 청소를 했다. 카타콤에 있는 그리스도인들이었다. 모든 사람에게 칭송을 받은 이 일은 로마에 기독교가 공인되는 데 큰 역할을 했다. 기독교인은 이럴 때 다른 사람과 다른 모습을 보여 주는 사람들이다.

솔로몬 왕은 성전을 건축한 다음에 이렇게 기도했다.

"하나님! 세상에 염병이 돌 때 이 성전에 와서 기도하면 들어 주시옵소서!"

이제 오히려 성전에서 기도할 때다. 그리고 하나님의 섭리를 바라볼 때다. 이럴 때일수록 예배가 더 중요하고 기도가 더 절실하다. 수요일 밤 기도회 때 서울대 유태우 교수 이야기를 했다. 다시 한번 인용한다.

첫째, 두려워하면 병에 더 잘 걸린다. 둘째, 지금 코로나 바이러스는 감기 증세와 비슷하다. 건강한 사람은 병에 걸려도 대부분 치료된다. 셋째, 병에 걸린 사람은 치료받고 있고, 치료된 사람은 보내고도 있다. 걱정 말고 잘 씻고 잘 자고 잘 먹으라.

광주의 확진자 16번과 18번은 이미 동선이 나왔고, 대부분 병원이 이동 경로다. 만일의 사태를 대비하되 지나치게 과민 반응은 하지 말기를 바란다. 또 예배가 위축되고 기도의 힘이 꺾이지 않기를 바란다. 〈컨테이전〉이라는 영화에 나온 대사 한마디가 생각난다. "무사할 확률이 더 높지 않습니까?"

"기도 외에 다른 것으로는 이런 종류가 나갈 수 없느니라"(막 9:29).

"기도하는 한 사람이 기도하지 않는 한 민족보다 강하다"

―존 낙스

예수님도 기도만이 방법이라고 하셨다. 지금이 오히려 초대교회의 믿음으로 돌아갈 때라고 생각하며 하나님의 인도하심을 기도하자. 주님의 평화가 늘 함께하시길 축복한다.

📝 아픔 없이 피는 꽃은 없습니다

강력한 전염병 코로나19로 세계는 몸살을 앓고 있다. 사망률이 그리 높지 않은데도 사람들이 두려워하는 이유는, 첫째로 백신이 없다는 것이고, 둘째로 치료약이 없다는 것이며, 셋째로 감염력이 높다는 것이고, 넷째로 양성으로 밝혀지기까지는 자각 증세가 없어 누가 감염자인지 모른다는 것이다. 코로나19에 감염되자마자 열이 나고 심한 통증이 있다면, 감염자 분별을 위한 사회적 비용이 적게 들고 환자를 쉽게 분별할 수 있어 전염에 대한 두려움이 많이 사라질 것이다.

사람들은 대부분이 통증을 싫어해서 통증을 느끼면 즉시 진통제를 먹지만, 고통이 항상 무가치하고 해로운 것만은 아니다. 통증은 일종의 경고 역할을 하면서 조심하게 만들고 큰 고통을 예방하게 해준다. 통증이 있다는 것은 몸의 치유 시스템이 잘 작동하고 있다는 증표이며 살아 있다는 증거다. 통증은 죽음과 함께라야 끝난다는 사실을 기억하자.

《고통이라는 선물》(두란노, 2010)을 쓴 세계적인 한센병의 권위자 폴 브랜드 박사 이야기다. 어느 날 진료를 마치고 양말을 벗으려다 발뒤꿈치에 아무런 감각이 없는 것을 느꼈다. 오랫동안 한센인과 함께 지냈기 때문에 불안한 마음이 들었다. 핀으로 발을 찌르니 피가 나왔다. 그러나 통증이 느껴지지 않았다. 한센병에 걸렸다는 두려움이 덜컥 밀려왔다. 한센병은 손가락과 발가락이 떨어져 나가도 신경이 마비되어 통증을 느끼지 못하는 질병이기 때문이다. 다음 날 아침 다시 한번 다시 핀으로 발을 찔러 보았다. 순간 소스라치게 아픈 것을 느꼈다. 그는 "고통이야말로 하나님이 우리에게 주신 가장 큰 선물 중 하나다"라고 말한다.

그는 50여 년 동안, 고통을 느끼는 신경이 완전히 마비된 한센병 환자를 보며, 고통을 느끼는 신경이 사라지면 인간이 얼마나 비참해지는지를 두 눈으로 보며 살았다. 그래서 그는 "고통을 만드신 하나님께 감사합시다. 나는 하나님께서 고통을 만드신 것보다 더 좋은 일을 하실 수 있었다고 생각하지 않습니다"라고 고백했다.

인간 대다수는 무통과 만성 통증이라는 양극단 사이 어디쯤에서 하루하루를 살아간다고 한다. 고통은 생명의 한 부분이므로 생명이 생명으로 존재하는 한 죽는 날까지 크고 작게 수반된다. 중요한 것은 각 개인의 고통을 대하는 자세이다.

《고통보다 깊은》(IVP, 2014)을 쓴 폴 투르니에는 "고통 자체는 창조적인 것이 아니지만 고통 없이는 창조적인 사람이 되기 어렵다…사람을 자라게 하는 것은 고통이 아니지만 고통 없이는 사람이 성장할 수 없다"라고 말한다. 그는 레오나르도 다 빈치는 사생아였고. 바흐, 장 자크 루소, 장 폴 사르트르와 몰리에르, 라신, 스탕달, 보들레르, 카뮈, 조르주 상드, 키플링, 에드가 앨런 포, 단테, 알렉상드르 뒤마, 톨스토이, 볼테르, 바이런, 도스토옙스키, 발자크 등도 고아였다고 밝히고 있다. 고아였던 그는 그것을 인생의 큰 불행으로 받아들였는데 말년에 인생을 돌아보며 자기 자신의 인생의 가장 큰 행운이었다고 고백한다. 트루니에는 고통이 오히려 창조적인 에너지가 되었다고 말한다.

"시련은 창조성의 기회가 되기 전에는 모두 슬픔이요 고뇌요 손상이다. 그러나 슬픔이 크면 클수록 슬픔이 생산하는 창조적 에너지도 커진다." 고통은 영혼의 창을 열어 준다. 한센병으로 고통을 느끼지 못하는 몸이 문드러지듯, 고통 없는 삶은 결국 영혼을 무너지게 한다. 무통과 쾌락의 늪에 빠지면 하나님은 보이지 않는다.

한 조사에 의하면, 고난이 오면 70퍼센트 이상의 사람이 하나님께 다가오지만 형통이 오면 10퍼센트 정도의 사람만 하나님 곁에 남아 있는다고 한다. C. S. 루이스는 "하나님은 기쁨을 통해 속삭이시고, 양심을 통해 말씀하시며, 고통을 통해 소리치신다. 고통은 귀먹은 세상을 깨우기 위한 하나님의 확성기다"라고 했다. 고통 가운데 하나님을 만나면, 고통을 설명할 수는 없어도 극복할 수 있고, 피할 수 없지만 이겨낼 수 있으며, 마침내 고통은 저주의 그릇이 아니라 축복의 그릇이 될 수 있다.

아픔 없이 피는 꽃은 없다. 서정주 시인은 "한 송이의 국화꽃을 피우기 위해 천둥은 먹구름 속에서 또 그렇게 울었나 보다…노오란 네 꽃잎이 피려고 간밤엔 무서리가 저리 내리고 내게는 잠도 오지 않았나 보다"라고 노래했다. 다윗은 심각한 고통을 통하여 "여호와여 그러하여도 나는 주께 의지하고 말하기를 주는 내 하나님이시라 하였나이다"(시 31:14)라고 고백했다.

무지하고 교만한 인간들에게 하나님은 고통을 통해 가장 가까이 다가오신다. 코로나19를 통해 하나님은 바벨탑을 쌓는 인류에게 메가폰을 들고 외치고 계신다.

"너희는 여호와를 만날 만한 때에 찾으라 가까이 계실 때에 그를 부르라"(사 55:6).

📝 꼭 살아서 돌아오십시오

밥 먹었어?
어디 아픈 데는 없고?
그래 조심히 집 들어가고 푹 자

매일 묻던 나의 안부

별거 아닌 너의 말들
그게 그렇게 그립더라

이윤재 씨의 〈별거 아닌 말〉(2018 시민공모작)의 정감 어린 글을 보고는 일상의 회복을 기도하는 나의 간절함에 그만 눈물을 보일 뻔했다. 가까운 사람은 멀어지고 먼 사람은 더 멀어진 코로나 시대가 우리에게 아픔을 주고 있다.

우리는 멀어져서는 안 될 하나님의 백성들이다. 전대미문의 팬데믹(pandemic)으로 절대가치인 예배가 무너지고 찬양과 기도가 꺾이는 참담함을 경험하고 있다. 그러므로 어느 때보다 예배의 회복이 절실한 때다.

너무 오랫동안 비대면(非對面)이었다. 이제는 각자 예배의 자리로 돌아와야 할 때다. "벌 받던 여름은 가고…가을엔 기도 드리게 하옵소서"라는 김남조 시인의 한 줄 시구처럼 부디 기도가 회복되길 바란다. 주님 앞에 서서 가슴에 하늘을 품어 생각의 속도를 늦추고,

내 안에 일어나는 불안감과 막연한 염려를 잠시 내려놓고, 우리를 새롭게 빚으시는 주님의 은총 속에 머물기를 원한다.

낡아 버린 시간, 설렘 없이 허겁지겁 채워가는 시간에 뭔가 청신한 기운을 불어넣고 싶다. 불안과 초조함 속에 아무 대안도 없이 엄벙덤벙 벌써 11월, 한 해의 끝자락이 다가오고 있다. 때가 되면 피었다가 지고, 꽃 진 자리에 열매를 맺는 나무들의 성실함이 우리를 부끄럽게 한다. 남은 시간은 더 정신을 가다듬고 견실하게 하루하루를 채워갈 수 있기를 기도한다. 속히 재난과 질병도 그치고 무디어져 있는 내 마음도 분명한 목표의 지향점을 찾아 달려가길 원한다.

마르틴 루터의 말을 소개한다.

"하나님의 작정 안에서 악한 자가 독과 치명적인 병을 퍼트렸다. 그러므로 나는 하나님께 자비를 베푸셔서 우리를 지켜 달라고 간구할 것이다. 그리고 나는 소독하여 공기를 정화하고 약을 지어 먹을 것이다. 나는 내가 꼭 가야 할 장소나 꼭 만나야 할 사람이 아니라면 피하여 나와 이웃과의 감염을 예방할 것이다. 혹시라도 나의 무지와 태만으로 이웃이 죽임을 당하게 해서는 안 되기 때문이다. 만일 하나님이 나를 데려가기 원하신다면 나는 당연히 죽게 되겠지만, 만일 이웃이 내가 필요하다면 나는 누구든 어떤 곳이든 마다하지 않고 달려갈 것이다."

중세 시대 흑사병이 창궐할 때 한 말이다. 마틴 루터는 흔들리지 않았다. 나를 필요로 하는 사람이 있다면 어디든 마다 않고 달려가겠다고 했다. 살든지 죽든지 자기를 통해 그리스도의 존귀함이 드러나기를 바라는 바울 같은 사람을 누가 굴복시킬 수 있을까? 복음을 전하기 위해 했던 자기의 수고가 허사로 돌아갈지도 모른다는 생각에 시달리지도 않았다. 그런 태도는 하나님에 대한 절대적 신뢰에 뿌리를 내리고 있다.

"믿는 사람들은 주의 군사니 앞서가신 주를 따라갑시다." 이런 고백이 주는 자유함은 얼마나 컸을까. 이런 마음으로 살면 실적 혹은 결과는 큰 문제가 되지 않을 것이다. 얼마나 신실한 태도로 임했느냐가 문제일 뿐이다.

사랑이 깊으면 그리움도 깊어진다. 하나님은 당신 곁을 떠난 사람을 그리워한다. 마치 탕자의 아버지가 밤새 문 열어 놓고 집 나간 아들을 기다리던, 죽을 것 같은 그리움이다. 외로움은 다른 사람을 만나면 되지만 그리움은 '그 사람'이 아니면 안 된다. 다른 것으로 대체하면 사랑이 아니듯이, 하나님은 우리를 다른 것으로 대신할 수 없는 유일한 사랑의 존재로 여기셨다. 독생자 예수님을 보내 주신 하나님의 그리움이 우리를 살렸다.

누구 말처럼 우리 안에는 그 무엇으로도 채울 수 없는 비어 있는 공간이 있다. 영원을 사모하는 마음이다(전 3:11). 팬데믹의 위중한 상황이지만 성전 뜰 밟기 운동을 다시 시작하며 평범했던 일상이 복구되기를 원한다.

지금은 모두 각자 자신의 신앙을 스스로 지켜야 할 때다. 그리고 내게 주신 사명을 찾아 더 깊은 곳에 그물을 던져야 한다. 나를 필요로 하는 곳에 가열찬 믿음의 행진을 보여 줘야 한다.

어제 우리 교회 자매님과 통화 중 나도 모르게 이렇게 말했다. "꼭 살아서 돌아오십시오"라고 말이다.

"예루살렘 딸들아 너희에게 내가 부탁한다 너희가 내 사랑하는 자를 만나거든 내가 사랑하므로 병이 났다고 하려무나"(아 5:8).

📝 흑사병이 대답했다

말씀을 준비하면서, 이번 추수감사주일이 감사 부흥회가 되게 하라는 감동을 받았다. 하나님께서 개개인에게 강력한 감사의 부흥을 주시기를 원하신다. 하나님께서 왜 그렇게 하시기를 원하시는가? 지금 경제적인 어려움이 파도처럼 밀려오고 있다. 그러나 경제적 어려움보다 더 무서운 것은 두려움의 영이다. 세상의 영이 우리를 삼키려 하고 있다. 여러 가지 어려움이 예상되지만, 근심과 불안에 사로잡히는 것이 더 심각한 문제다.

1530년대에 유럽을 휩쓸었던 무시무시한 전염병인 페스트. 감염되면 40도 전후의 고열로 심하게 앓다가 대부분 2주 이내에 죽었다. 숨을 내쉴 때 나오는 호흡으로 전염되었는데, 페스트에 걸린 사람과 시선만 마주쳐도 전염된다는 소문은 안 그래도 힘겨운 감염자들에게 더 크고 처절한 고통을 주었다. 심지어 사랑하는 사람들로부터도 버림을 받았다. 당시 사람들이 얼마나 공포에 떨었는지 짐작할 만하다.

한 순례자가 순례의 길에서 흑사병(페스트)과 마주치자 그에게 물었다. "너는 어디로 가는 길이냐?" 흑사병이 대답했다. "바그다드로 5천 명을 죽이러 가는 길이오." 며칠 뒤 순례자는 되돌아오는 흑사병을 보고 그에게 따졌다. "너는 일전에 나한테 바그다드로 5천 명을 죽이러 간다고 했는데, 어째서 3만 명이나 무고한 생명을 죽였느냐?" 이때 흑사병은 이렇게 대답했다. "아니오. 나는 내가 말한 대로 5천 명만 죽였소. 나머지는 두려움에 질려서 자기네들 스스로가 죽은 것이오."

지금은 정말 믿음의 싸움을 해야 할 때다. 우리가 정말 예수 믿는 사람이라면, 예수님께서 우리 안에 계시고 우리의 생명이시고 주님이라면, 경제적인 어려움에 두려워할 이유가 없다. 지금 우리에게 중요한 것은 두려움을 이길 성령의 역사다. 성령이 충만할 때 상황이 아무리 어두워도 성도들은 감사하며 일어난다. 하나님이 우리에게 강력한 감사의 영으로 임하시길 기도한다. 성령의 가장 뚜렷한 역사가 '감사의 역사'다. 하나님은 우리 교회에 성령의 역사로 임하시면서, 감사의 부흥회를 열라고 하셨다.

성령의 역사는 '감사 부흥'이다. 상황이 어려운 때일지라도 성도들과 교회가 기쁨과 감사의 공동체로 굳게 서 있을 때, 비로소 교회는 이 세상에 희망을 줄 수 있다.

📝 공기 뽀뽀

코로나로 인해 중요한 회의에 몇 번 빠진 일이 마음에 걸려 지난 달 회의차 고속철로 서울에 간 적이 있다. 그동안 6개월이나 보지 못한 두 딸 집에서 하루씩 자면서 아이들도 만나기로 아내와 계획을 세웠다.

삼성동에 사는 막내가 하루 휴가를 냈다고 승용차로 마중 나왔다. 만나면 언제나 코로나가 화두다. 어디서나 상황이 안 좋으니 늘 조심해야 한다며 딸이 신신당부를 한다. 징그러운 코로나 얘기라 흘려들었다. 손주 만날 마음에 가슴이 콩닥거렸기 때문이다.

집에 도착해 전속력을 다해 내 품으로 달려들 손주를 상상하고 현관에 들어섰는데, 아니, 뻘쭘하게 서서 날 쳐다만 보고 있다.

"세하, 오래간만이야. 우리 뽀뽀해야지!"

그때 손주가 큰소리로 내게 말했다.

"공기 뽀뽀~"

뽀뽀도 비접촉으로 해야 한다는 뜻이라고 딸이 말해 준다. 전후 설명도 없이 '공기 뽀뽀'를 외치는 아이를 보며 팬데믹이 우리 사회에 얼마나 큰 영향을 주고 있는지 알 수 있었다.

그래도 애들은 애들이다. 아이들은 빨리 친해진다. 그리고 잘 웃는다. 경계를 빨리 허문다. 주님이 왜 천국이 어린아이들과 같은 곳이라고 했는지 알 수 있었다. 우린 급속도로 친해졌다. 게임도 하고 옛날 실력으로 체면 유지를 하면서 함께 영어 공부도 했다. 손주가 가지고 있는 장난감을 모두 나한테 설명해 주었다. 그중에 공룡이

압도적이다. 질문이 많은 아이에게 대답해 주는 재미가 쏠쏠하다.

다음 날, 회의 장소인 백주년기념관으로 출발하기 위해 아침부터 서둘렀다. 이제 또 잠깐 헤어져야 할 시간이다. 그런데 웬일인가. 세하가 갑자기 내 두 귀를 잡더니 볼에다 뽀뽀를 해준다.

"안 돼. 공기 뽀뽀 해야지…."

"아니에요. 오늘은 이렇게 할 거예요."

우리는 하룻밤 새에 접촉하는 사이로 발전했다. 순간 가슴이 뭉클해 그만 울 뻔했다.

내 막내딸은 공기 뽀뽀를 '언택트(untact) 뽀뽀'라고 웃으며 말해 준다. '언택트'는 비대면 접촉을 뜻하는 조어로서 '접촉'(contact)이라는 말과 부정을 뜻하는 'un'을 결합해서 만든 말이라고 했다. 무인기기나 인터넷 사용이 증가하면서 사람과 사람 사이에 직접적인 대면 접촉이 줄어드는 양상을 의미하는데, 몇 년 전부터 생겨난 신조어라고 했다.

'언택트'(untact)는 사회적 거리 두기가 일상화된 요즘 새로운 트렌드로 자리매김하고 있다. 하지만 비접촉이란 말은 인간 세상에 가장 마음 아픈 얘기이다. 혼술족, 혼밥족이 늘고, 함께 사니 불편해 이혼하는 독신이 늘고, 졸혼이란 말도 이젠 생소하지 않은 세상이 되었다. 극단적 이기주의가 소시오패스의 세상을 만들고 나라와 나라 사이도 보호무역이 대세가 되어, 점점 관계 발전과 협치가 어려워지고 있다.

모이고 만나고 함께 밥 먹고 악수하고 반가워 껴안던 일상이 어느 날 실종되었다. '함께 상속자가 되고 함께 지체가 되고 함께 약속에 참여하는 자'(엡 3:6)가 되어야 할 '함께'가 팬데믹의 공격으로 치명타를 입었다.

하지만 비대면, 비접촉이 우리의 사랑과 섬김에 거리를 만들지는 못한다고 믿는다. 무엇보다 아들을 주시기까지 날 사랑하시는 그 사랑은 결코 끊어질 수 없다고 믿는다. 비접촉이 마음의 거리까지 멀게 해선 안 된다.

내 볼때기를 두 손으로 잡고 뽀뽀해 준 세하의 얼굴이 계속 눈앞에 아른거린다.

📝 선택지가 많으면 흔들린다

　소설 《레미제라블》과 《노틀담의 꼽추》의 저자이자 19세기 프랑스 최고의 작가인 빅토르 위고(Victor Hugo)는 글을 쓸 때면 하인에게 옷을 몽땅 벗어주며 해가 진 다음에 가져오라고 했다고 한다. 놀고 싶은 유혹을 차단해 글을 쓸 수밖에 없도록 자신을 속박하기 위한 것이다. 우리나라 소설가 이외수 선생 역시 집에 감옥 철창을 설치해두고 원고를 집필할 때는 그 안에 들어가서 아내에게 밖에서 문을 잠그도록 부탁하여 스스로를 가뒀다고 한다.

　《실행이 답이다》(이민규 지음, 더난출판사, 2011)라는 책에서는 이런 이야기를 소개하며 저자는 "딴 생각을 할 수 없도록 퇴로를 차단하라"라고 말한다. 평범한 사람들뿐 아니라 위대한 일을 해낸 사람들 역시 유혹을 받는데 상황의 힘을 활용해야 한다는 것이다. 하지 말아야 할 일은 하지 못하도록, 해야 할 일은 할 수밖에 없도록 상황을 조절해 주는 '사전조치 전략'을 하라는 것이다.

　실행력이 뛰어난 사람들은 의지력이 남다르기보다 이러한 효과적인 사전 조치전략을 가지고 있는 경우가 더 많다고 한다. 쓰고 남은 돈을 저축한다고 생각하면 절대 돈을 모을 수 없듯이 시간이 남을 때 공부한다고 생각하면 영원히 공부할 수 없다고 한다. 돈이 다른 곳으로 새는 것을 막고 저축하고 싶다면 신용카드 사용 한도를 하향 조정하고, 수입 중 일정액이 적금통장으로 미리 빠져나가도록 자동이체를 신청해둬야 하고, 공부하고 싶다면 공부할 시간을 미리 빼두어야 한다는 것이다. 남은 시간에 공부하려고 하면 공부를 할 수 없다는 것이다.

　나폴레옹이 죽음을 무릅쓰고 싸우기 위해 부관에게 건너왔던 다리를 불 지르라고 한 것처럼, 위대한 정복자 줄리어스 시저나 무적의 해적 바이킹이 육지에 도착하면 자신들의 배에 불을 질렀던 것처럼 퇴로를 차단하라고 한다. 한 고조의 명장 한신처럼 배수진을 치면 물에 빠져 죽으나 싸워서 죽으나 마찬가지라고 생각하고 죽을힘을 다해 싸워 전쟁에서 이기게 된다는 것이다. 진정 원하는 것을 실행하기 원한다면 의지만 믿지 말고 그것을 실행할 수밖에 없는 사전조치 전략을 세우라는 것이다. 할 수밖에 없는 '가두리 기법'을 사용하라는 것이다.

　신앙생활도 마찬가지다. 신앙생활에 성공하고 싶으면 예배드릴 수밖에 없는, 기도할 수밖에 없는, 성경을 읽을 수밖에 없는, 봉사할 수밖에 없는 상황 등을 만들어야 이루고자 하는 뜻을 이룰 수 있다. 남은 시간에 예배와 기도, 전도, 성경공부, 봉사 등을 하려고 한다면 신앙생활을 성공적으로 할 수 없다.

> "그런즉 너희는 먼저 그의 나라와 그의 의를 구하라 그리하면 이 모든 것을 너희에게 더하시리라"(마 6:33).

　'제리 레빈'이라고 하는 50대의 미국 해외 특파원이 있었다. 그의 간증이다. 그는 레바논에서 취재를 하다가 회교도들에게 잡혀 감옥살이를 하게 되었다. 그들은 그를 독방에 가두었다. 대개 독방에 감금된 사람들은 한 달이 채 못 되어 미쳐버린다고 한다. 이 사람도 역시 독방에 감금된 지 얼마 되지 않아 정신 착란이 일어나는 것만 같았다. 그런데 그러던 중에 갑자기 아내 생각이 났다. 열심히 신앙생활을 하던 그의 아내는 매주일 교회에 함께 가기를 요청했지만 무신론자인 그는 늘 아내의 말을 묵살해 왔던 것이다.

그런 그에게 아내는 평소 늘 말했다. "하나님은 살아 계세요. 어려움당할 때 하나님께 기도하세요. 하나님께서 당신을 도와주실 거예요." 그래서 그는 혼자 생각했다. '그렇지. 여기까지 내가 지낸 것은 아내의 기도를 들으시고 하나님이 도우신 것이다. 오늘도 내일도 도우실 것이다. 그런 내가 왜 외롭게 지내는가? 하나님과 대화를 해야지!' 이렇게 작정한 그는 하나님께 말을 걸기 시작하였다.

"하나님! 살아 계십니까? 정말 살아 계시다면 저로 하여금 깨닫게 하소서. 하나님이 정말 살아 계시다면 이 감옥 안에서도 저를 돌봐 주시고 나가게 해 주소서."

무신론자가 독방에 갇히니까 비로소 하나님께 기도를 하게 되었다. 그런데 놀랍게도, 불안과 두려움, 공포 속에 있던 사람이 하나님의 이름을 부르자 마음속에 평강이 넘쳐났다. 기쁨이 생겼다. 자기를 가둬 놓은 사람들에 대한 증오심도 없어지고 오히려 그들의 죄를 용서해 달라는 기도가 나왔다. 그래서 1년 후 그가 감옥에서 나왔다. 그때 그는 몸도 마음도 모두 건강한 상태였다. 정상이었던 것이다.

무신론은 그에게서 완전히 떠나버렸다. 하나님을 찬양하고 하나님과 동행하는 온전한 믿음의 소유자가 되었다. 나를 어제까지 도우신 하나님은 오늘도 분명히 도우신다. 우리들의 삶의 목적은 하나님을 기쁘시게 하고 영화롭게 하는 데 있다.

여덟 번째 에피소드

팬데믹 목회 서신

📝 가을이다, 부디 아프지 마라

'코로나 19'는 우리의 일상을 멈추게 했습니다. 그리고 그동안 당연시 여겼던 것들을 다시 보게 했습니다. '사회적 거리 두기'는 그동안 감사하지 못했던 일상의 소중함을 다시 보게 합니다. 우리는 또다시 2주를 연장해서 함께 예배를 드리지 못하게 되었습니다. 그러나 계절의 시간은 어김없이 찾아오고, 꽃과 나무 그리고 잎들을 통해서 가을을 알리고 있습니다.

이때가 되면, 항상 나태주 시인의 "가을이다, 부디 아프지 마라"는 시어가 떠오릅니다. 시인은 꽃과 잎을 통해서 여러분과 저와의 관계를 보여줍니다. "꽃처럼 웃고 있는 너 한 사람"으로 세상은 눈부신 아침이 된다는 시인의 노래는 여러분을 향한 나의 노래가 됩니다. 이 노래로 꽃처럼 웃고 있는 당신이 보고 싶습니다.

그리고 나 또한 여러분을 위한 위로의 숨결이 되고 싶습니다. 시인은 "풀잎처럼 숨 쉬고 있는 나 한 사람으로 하여 세상은 다시 한번 고요한 저녁이 온다"라고 노래합니다. 시인의 저녁은 안식과 쉼입니다. 하나님은 안식입니다. 우리가 보이지 않는 그분과 호흡할 때, 우리는 고요한 저녁을 맞이할 수 있습니다.

그런데 이 가을이 아픕니다. 여러분을 만나지 못함에 아픕니다. 그러나 하나님이 위로의 숨결이 되어서 저와 여러분과 함께 하시니 이 또한 감사합니다. 코로나 19가 여전히 기승을 부리고 있지만, "가을이다, 부디 아프지 마라"는 시인의 노래를 "주님, 이 가을엔 모두 아프지 않게 해 주세요"라는 기도문으로 바꿔 올리고 싶습니다.

📝 당신 앞에 벌 받던 여름은 가고

　김남조 시인의 '가을의 기도'로 안부를 묻습니다. 시인은 "하나님, 가을엔 기도드리게 하소서"라고 소원합니다. 그런데 시인은 가을을 말하기 전에 먼저 여름을 말합니다. 시인의 여름은 어떤 모습입니까? 시인은 "못내 당신 앞에 벌받던 여름"으로 표현하고 있습니다. 우리는 여름 동안 코로나와 싸워야 했습니다. 코로나는 뜨거운 햇살과 함께 벌받는 것처럼 우리를 더욱 아프게 했습니다. 그러나 그날들이 지나가고 우리를 영적으로 성숙하게 하는 가을이 되었습니다.

　라헬을 사랑한 야곱은 7년을 수일처럼 보냈다고 했습니다. 죽음보다 강한 것이 사랑이기에 그 강렬한 힘이 수많은 시간들을 버티게 했습니다. 팬데믹 2년도 꼭 수일처럼 보낸 것 같습니다. 변함없는 무한사랑을 받아서 나도 아낌없이 주고 싶은 마음, 모두 라헬을 사랑하던 야곱의 그 마음입니다.

　인생을 잘 마치기 위해 마지막 몸부림이 있어야 한다면 주님을 더 뜨겁게 사랑할 일입니다. 7년을 속절없이 보내고 또 7년을 봉사한 야곱에게는 오직 라헬만 보였을 것입니다. 바로 그 마음 그 사랑의 마음을 주시길 지금 기도하고 있습니다.

　그대의 교회 사랑, 주님 사랑이 우리에게까지 녹아짐을 느끼며 사랑의 마음을 전합니다. 주님의 은혜와 평강이 여러분의 삶의 자리에 함께하시길 기도합니다. 다음의 말씀으로 유일교회 믿음의 식구들을 축복합니다. "하나님이 우리에게 주신 것은 두려워하는 마음이 아니요 오직 능력과 사랑과 절제하는 마음이니"(딤후 1:7).

📝 드라이브 스루

주 안에서 사랑하는 존귀한 성도님께 드립니다.

전대미문의 코로나로 힘든 한 해를 보내야 했습니다. 무엇보다 예배를 영상으로 대체해야 하는 기가 막힌 현실을 받아들여야 하는 해였고, 새해에도 계속되는 전염 사태로 미래는 아무런 대안도 없이 불확실한 것만 확실한 세상이 되어 버렸습니다.

그럼에도 불구하고 감사한 것은 그래도 함께해준 동역자들과 예배를 갈망하며 주님 사랑, 교회 사랑의 마음을 모아준 성도들의 기도가 큰 힘이 되고 있습니다.

그러나 코로나가 장기화되면서 목양의 울타리에 사각지대가 많이 생기고 소통의 한계에 마음 아픈 시간들도 있습니다. 그래서 오늘부터 '드라이브 스루'(drive-through) 심방을 시작했습니다. 눈도장 찍는 심방이지만 마스크 속에 감춰진 믿음과 연민의 정을 깜박이는 눈망울로 읽어내는 감동의 은혜가 온종일 저를 지배했습니다.

그리운 사람들이 많지요. 그리고 누구보다 지금 만나고 싶은 분이 있습니다. 하루 일을 마무리하면서 이상하리만큼 생각이 많이 떠오릅니다. 그때마다 마음은 천근만근 무겁습니다. 그리고 내 목양의 궤적을 필름으로 돌려 봅니다. 그대 있음에 내가 있어 또 한 번 내 자리의 무게를 느끼며 기도의 끈을 놓지 않습니다.

📝 사람의 온기가 그리운 시절

평안하신지요.

지난 2년여 동안 내내 정신적인 여백이 없이 지낸 것 같습니다. 어제는 분적산 편백숲을 찾았는데 붉고 노랗게 물든 단풍이 아직도 나무에 걸려 있는 것을 보았습니다. 햇살은 맑고 깨끗했고, 바닥에 떨어진 떡갈나무 잎 위를 걸을 때 자박거리는 소리가 거칠어진 내 마음을 만지는 것 같았습니다.

벌써 겨울의 시작인 입동이 오고 내일은 추수감사절로 지키는 주일을 앞두고 있습니다. 그동안 코로나의 염려도 힘들었지만 갑자기 찾아온 육체의 질병으로 기도 중에 계신 분들이나 절망의 심연에서 고통 중에 있는 분들에게 어떻게 감사를 설명해야 할까 고민하고 있습니다.

우리가 꿈꾸고 바라는 일이 잘 될 때만 감사할 수는 없습니다. 어떤 환경에서도 웃음과 여유를 잃지 말고 잘 견뎌주시길 기도합니다. 곁에서 함께 중보해 주는 가족 같은 교우들이 있고, 고립되어 있는 것 같아도 언제나 주님께 연결되어 있다는 사실 하나만으로도 힘이 솟아오르길 바랍니다.

우리가 함께여서 얼마나 다행인지요. 곧 찬바람이 불어오겠지만 사람의 온기가 어느 때보다 그리운 계절, 누군가의 시린 마음을 감싸는 이불 같은 사람이 되시길 축복합니다 (합 3:17-19).

📝 하늘에서 온 기적

얼마 전 〈하늘에서 온 기적〉(MIRACLES FROM HEAVEN)이라는 영화 한 편을 보았습니다. 불치병에 걸린 딸이 주님의 은혜로 고침받았을 때 딸의 엄마는 기적이 모든 곳에 있었다고 간증했습니다. 인내하며 기도할 수 있었던 것도 기적이고, 낯선 사람들을 통해서도 기적은 나타났다고 했습니다. 끝까지 격려해주는 친구와 교우들도 기적이요, 무엇보다 함께해 준 가족이 기적이라고 했습니다. 그리고 가장 큰 기적은 하나님 사랑이라고 했습니다. 불신앙으로 의심했던 자신을 끝까지 포기하지 않으신 하나님의 용서가 기적이라고 말입니다.

일상이 기적입니다. 우리가 숨을 쉬고 있다는 것도 기적이고, 누군가를 사랑한다는 것도 기적입니다. 아픔을 겪으면서도 포기하지 않고 삶을 이어가는 것도 기적입니다. 우리는 이런 기적 속을 걸어가고 있습니다. 이 모든 일들이 하나님의 섭리와 숨결 안에서 이루어짐을 믿습니다. 성탄의 기적은 빛 되신 주님께서 어두움에 갇힌 날 찾아오신 생명의 사건입니다. 이 감격과 기쁨을 "메리 크리스마스"로 전합니다.

📝 때 저물어서 날이 어두니

주님의 이름으로 문안드립니다.

메마른 대지를 촉촉이 적시는 봄비 내리는 삼일절 아침입니다. 저는 목양실에서 지난 2년여 동안 팬데믹의 세월 속에 잊혀진 소중한 얼굴들을 떠올리며 기도하고 있습니다. 금년에도 어김없이 봄은 왔습니다. 죽음에서 나를 건지시고 3일의 희망을 붙잡게 하시고 좋은 동역자들을 붙여주셔서 선한 영향력을 끼치며 살게 하신 것이 무엇보다 감사한 아침입니다.

오늘도 호흡을 주셔서 "때 저물어서 날이 어두니" 찬송을 부르며 기도하게 하신 주님께 온 맘 다해 감사드리며 기도합니다.

"사랑의 주님! 유일 지체 모든 분들에게 지혜와 능력을 더하여 주시어, 어두움의 역사가 창궐한 이 시대에 가정과 교회와 성도들을 기도로 지키게 하여 주십시오.

삶의 일선에서 절대적 성경 가치로 세상을 선도하게 하시고 믿음으로 그 어떤 일도 주님의 이름으로 넉넉히 이기고도 남게 해 주십시오. 무엇보다 병석에 누워 투병 중인 지체들이 예수님의 이름으로 일어나는 표적을 보여 주십시오.

호세아서를 열고 시작하는 사순절 새벽기도회를 통해 기도 응답의 역사가 나타나게 하시고, 주님의 사랑이 가슴 깊이 채워져 회복과 치유의 은혜가 넘치게 해 주십시오.

예수님의 이름으로 기도 드립니다. 아멘."

📝 부활의 소망을 기다리며

주님의 평안을 전합니다.

사순절 특별 새벽 기도회를 마치고 밖으로 나선 날, 하늘은 맑고 동트는 아침 햇살이 따사로운 봄날 하루의 시작입니다.

얼마 전 튀르키예 영화 〈아빠의 바이올린〉을 보면서 많은 감동을 받았습니다. '진심 어린, 가슴을 파고드는 가족 사랑이 영화의 주제입니다.

"나의 집이란, 장소가 아니라 사람들이다. 눈물로 걷는 인생의 골목에서 가장 오래, 가장 멀리까지 배웅해주는 사람은 바로 우리 가족이다." 우리는 가족이고, 가족은 하나입니다. 예수님의 피를 함께 받으면 하늘 가족입니다.

이제 코로나의 종착점이 보이고 모두 일상으로 돌아갈 준비를 하고 있는 것 같습니다. 내일은 우리 주님이 음부의 권세를 이기시고 승리하신 부활절입니다. 보고 싶은 얼굴들이 참 많습니다. 생명이 있고 나눔이 있는 영적 네트워크를 겹겹이 만들어 우리의 만남과 예배를 통해 주님의 뜻이 이뤄지길 소망합니다. 사랑하고 축복합니다.

📝 가슴에 하늘을 품은 사람

주님의 은총과 평강이 우리 가운데 임하기시를 빕니다. 한 주간 동안도 우리는 주님의 돌보심과 은총 속에서 살았습니다. 감사와 영광을 주님께 바칩니다.

마음을 답답하게 하는 일, 우리 속에서 생기를 빼앗아가는 일이 없지는 않지만, 주님은 우리에게 다시 시작할 용기를 부여하십니다. 주님 앞에 선 이 시간, 생각의 속도를 늦추고 불안감과 초조함을 잠시 내려놓고, 우리를 새롭게 빚으시는 주님의 은총 속에 머물면 좋겠습니다.

사도 바울은 상황에 따라 흔들리지 않았습니다. "내 안에 사는 것이 그리스도이시니, 죽는 것도 유익합니다"(빌 1:21). 살든지 죽든지 자기를 통해 그리스도의 존귀함이 드러나기를 바라는 사람을 누가 굴복시킬 수 있겠습니까? 그는 복음을 전하기 위해 했던 자기의 수고가 허사로 돌아갈지도 모른다는 생각에 시달리지도 않았습니다. 이런 담대함과 여유는 하나님에 대한 절대적 신뢰에 뿌리를 내리고 있습니다. "선한 일을 여러분 가운데서 시작하신 분께서 그리스도 예수의 날까지 그 일을 완성하시리라고, 나는 확신합니다"(빌 1:6). 믿음의 고백이 주는 자유함이 참 큽니다. 이런 마음으로 살 때 실적, 혹은 결과는 큰 문제가 되지 않습니다. 얼마나 신실한 태도로 임했느냐가 문제일 뿐입니다.

가슴에 하늘을 품은 사람은 상황에 요동하지 않습니다. 하나님의 비전에 불타는 심장은 상황을 뛰어넘습니다. 그대, 하늘을 품은 하나님의 사람이여!

에필로그

나의 연약한 팔을 대신하신 하나님

　세계적인 영성가 안셀름 그륀(Anselm Grun)이 쓴 《황혼의 미학》(Die hohe Kunst des Älterwerdens)(분도출판사, 2009)이란 책이 있다. 그는 이 책에서 '나이 듦의 기술'(Kunst, 예술)의 첫 번째 방법으로 '자신을 받아들이기'를 제시한다. 자신의 지난 삶을 조건 없이 받아들이고 긍정하는 사람만이 아름다운 인생 황혼을 맞이할 수 있다. 안셀름 그륀은 자신을 받아들이기 위해서는 세 가지가 필요하다고 말한다. 첫째, 과거와 화해하고, 둘째, 자신의 한계를 받아들이며, 셋째, 고독을 다루는 법을 배워야 한다. 이 세 가지가 훈련될 때 자신을 받아들일 수 있으며, 노년의 아름다움을 간직할 수 있다.

　또한 그는 우리가 아름답게 늙어가기 위해서 '평정', '인내', '온유', '자유', '감사', '사랑'이라는 여섯 가지 '덕'(tugend)이 필요하다고 주장한다. 나는 여섯 가지 덕 중에서 인내가 가장 중요하다고 생각한다. 내 인생에 있어서 인내만큼 중요한 것은 없었다. 내가 죽음의 문턱에서 다시 세상에 나올 수 있었던 것은 삶의 긍정과 인내 덕분이었다. 인내는 나를 세상과 화해하게 하고 세상을 다시 보게 했다. 특별히 내 삶의 인내는 3일이라는 시간이었다.

나는 이 책의 에필로그를 쓰다가, 노년에 이집트 왕 파라오 앞에 선 야곱이 떠올랐다. 야곱은 파라오 앞에서 '험악한 세월'(창 47:9)을 보냈다고 말했다. '험악한'이란 말을 히브리어 성경은 '라아'(רע)를 쓰고 있다. '라아'는 '나쁜(bad), 악한(evil)'이란 뜻이다. 야곱이 자신의 인생을 돌이켜 볼 때, 하나님의 기대에 부응하지 못하고 부족한 점이 많았음을 고백한 말이다.

그러면서 야곱은 130년 자기 인생을 '나그네 길'(창 47:9)이라고 소개했다. '나그네 길'이란 말은 이 땅에서 잠시 머물다 떠나는 '순례자'(pilgrim)임을 고백한 것이다. 야곱의 이 고백은 그의 인생 전체를 두고 볼 때 대단히 중요한 변화를 말한다. 과거 야곱은 자신이 얻고자 하는 것들을 위해서는 수단과 방법을 가리지 않았다. 거짓말도 서슴지 않았으며, 무엇이든지 원하는 것을 다 얻어야 직성이 풀리는 자였다. 그는 형 에서의 배고픔을 이용해서 장자의 명분을 빼앗았으며, 늙은 아버지의 눈을 속여서 장자의 축복까지 가로챘다. 외삼촌 라반의 집에서 살면서는 속고 속임을 통해서 엄청난 재산을 축적했다.

그런 야곱이 세상의 모진 풍상을 경험한 후에 노년에 와서야 인생이 이 땅에서 잠시 머물다 가는 것임을 깨달았다. 특별히 그는 얍복 나루에서 하나님의 천사와 씨름하면서 환도 뼈가 위골되었다. 그 이후 야곱은 평생 한쪽 다리를 저는 장애인이 되었다. 그러나 그의 불편한 다리가 하나님의 은혜의 통로가 되었다.

나는 야곱의 장애를 묵상하면서 내 한쪽 팔을 생각하였다. 하나님은 연약한 내 왼쪽 팔을 대신하여 나의 오른팔이 되어 주셨다. 그러므로 불편한 나의 왼팔은 복의 통로가 된 것이다. 올해는 내가 목회를 시작한 지 40년이 넘어선 해이다. 이제 목회 정년도 얼마 남지 않아 42.195km를 달리고 있는 마라톤 선수처럼 메인 스타디움 0.195km를 바라보는 지점에 와 있다. 하나님 앞에서 달려온 내 인생을 돌이켜 볼 때, 나도 야곱처럼 험악한 세월을 살았다고 고백하지 않을 수 없다. 부족하고 허물도 많았다. 그러나 그때마다 하나님은 고난의 3일을 주셨다. 고난의 3일 동안 과거의 나는 죽고, 새로운 나로 태어났다. 3일은 나를 하나님께로 더 가까이 가도록 한 거룩한 시간이었다.

지난 내 삶을 회고해 볼 때, 인내의 3일이 없었다면 지금의 나는 존재하지 않았을 것이다. 하나님이 나에게 주신 3일은 나를 내려놓은 시간이고, 나를 죽이는 시간이며, 자기 부정을 통해 새로운 나로 태어나는 시간이었다. 그러므로 3일은 고난이 아니라, 희망의 3일이 된다. 그래서 나는 내 인생의 3일이 주는 기억들과 삶의 조각들을 모아서 한 권의 책을 썼다. 이 책이 고난의 시간을 보내는 많은 분들에게 작은 위로와 희망이 되길 기대한다.

  이 책을 쓸 수 있도록 배려해 주신 유일교회 교우들과 장로님들께 감사드린다. 그리고 이 책이 세상에 나오도록 동기부여를 해준 김종헌 목사님과 기도와 정성으로 섬세하게 편집과 교정에 힘써주신 김유미 집사님께 깊은 감사를 드린다. 언제나 든든한 후원자인 아내 김사라와 항상 잘 살아줘서 감사한 세 딸에게 고마운 마음을 전한다. 그리고 손주 지환이와 세하가 자라 이 책을 보며 어떤 평가와 반응을 보일지 벌써 기대가 된다. 무엇보다 과분한 추천사를 써주신 귀한 목사님들께 허리 굽혀 인사를 드린다.

3일의 희망

1판 1쇄 발행 _ 2024년 1월 20일
1판 3쇄 발행 _ 2024년 2월 5일

지은이 _ 남택률
펴낸이 _ 이형규
펴낸곳 _ 쿰란출판사

주소 _ 서울특별시 종로구 이화장길 6
편집부 _ 745-1007, 745-1301~2, 743-1300
영업부 _ 747-1004, FAX 745-8490
본사평생전화번호 _ 0502-756-1004
홈페이지 _ http://www.qumran.co.kr
E-mail _ qrbooks@daum.net / qrbooks@gmail.com
한글인터넷주소 _ 쿰란, 쿰란출판사
페이스북 _ www.facebook.com/qumranpeople
인스타그램 _ www.instagram.com/qrbooks
등록 _ 제1-670호(1988.2.27)
책임교열 _ 이화정·최진희

ⓒ 남택률 2024   ISBN 979-11-6143-915-0 03230

책값은 뒤표지에 있습니다.
이 출판물은 저작권법에 의해 보호를 받는 저작물이므로 무단 복제할 수 없습니다.
파본(破本)은 구입처에서 교환해 드립니다.